U0796871

美国太空军情透视

丰松江/高　松/王田田/孙　龙◎编著

时事出版社
北京

主　编　丰松江　高　松　王田田　孙　龙

编写组　唐关翠　刘　珺　李　丽　常　壮　朱　敏
尚晓龙　崔园悦　王　涛　匡　衡　马欣煜
陈安军　李仁文　李云灿　焦伟光　侯　渊
张哲宁　许鸿钢　赵　亮　杨煊嘉　曹中沛
毛启睿　王智杰　方凯飞　廖力民　于　浩
汶　航　王　一　寻天赐　王鸿儒　刘　奥
杨华果　高明琪　梁　爽　刘聃雨　史占广
陈　政　刘富强　唐瑞浛　禅忠乐　张　浩
谢　杰　霍元彤欣

目　录

中篇 美国太空军：新体系、新视角、新动作

下篇　美国太空军：领军人物和代表观点

前　言

2018 年 3 月 14 日，时任美国总统特朗普在一场脱口秀风格的演讲中大放厥词：“我那全新的国家太空战略意识到，太空是一个作战领域，就像陆地、天空和海洋一样。我们或许会建立一支太空军（也称“太空部队”）。”此话一出便受到了国际社会的广泛关注，“太空军”自此被从科幻中搬到现实。纵使美国政坛、国际社会一度对“太空军”之事众说纷纭，但整体上没有阻碍它建立和发展的步伐，这体现了时代的必然趋势。

20 世纪五六十年代以来，蕴藏着巨大政治、经济、军事、科技价值的太空，吸引着美国等世界大国竞相发展航天技术。航天技术的快速发展与广泛应用在造福人类社会的同时，其军事化应用也逐渐地由试验验证起步走向初步应用、快速发展与广泛应用阶段。太空成为维护国家安全与利益、争夺军事优势的战略制高点。如今，人类开辟太空时代已 60 多年，冷战后期成长起来的政治家、军事家和企业家等正作为主力引领着这个时代的太空发展。运载火箭的发射变得司空见惯，人造卫星的部署呈现井喷之势。在现代生活方式和经济社会发展越来越依赖太空的背景下，近地空间环境却难以逆转地走向拥挤、竞争和无序——太空军时代的来临对这一切意味着什么，它又将引领着怎样的太空未来?

解答时代问题，紧扣时代脉搏。树立战略思维，实现知己知彼。本书汇编了丰松江、高松以及“一言航天”公众号的年轻创作团队等 40 余人，自 2018 年以来持续跟踪美国太空军发展撰写的 70 余篇文章。在内容安排上，这些文章被收录进“美国太空军：建立之路”“美国太空军：新体系、新视角、新动作”和“美国太空军：领军人物和代表观点”三大板块，整体体现由表及里的逻辑性。全书由丰松江、高松、王田田、孙龙策划和审定；唐关翠、刘珺、李丽、尚晓龙等统稿、编辑；崔园悦等校稿。

太空是全人类的共同财产，太空安全关乎全人类的生活与社会进步。出版此书谨作为身处这个时代所做的一点微薄工作，愿与更多心系太空安全、太空未来的专家学者们分享。由于编者学识有限、成书时间仓促，不妥之处在所难免，敬请读者批评指正！

编写组

2021 年 5 月 20 日

上篇　美国太空军：建立之路

第一章　破壁：太空力量酝酿成军

一、美国备战太空的新动向[①]

2018 年，太空竞争日趋激烈，太空的不稳定、不安全因素增多。特朗普政府视太空为“作战域”，在系列战略文件不断明确太空竞争战略目标的牵引下，通过颁布《太空作战条令》[②]、组织太空演习与参与实战、组建太空司令部等措施，积极为制胜太空战略竞争储能备力。

（一）视全力维持太空领导力和太空自由行动为战略目标

特朗普政府上台以来，从政治、军事、经济和科技等领域对战略竞争对手进行全方位战略施压，在太空领域也不例外。2017 年 12 月，美国《国家安全战略》报告提出美国必须维持在太空自由行动的领导地位，任何干扰或攻击美国太空资产并对其利益造成威胁的行为将遭报复。[③] 2018 年 1 月，美国《国防战略》要求优先发展弹

---

① 原载于 2019 年 4 月《世界知识》，有删改。

② The Joint Chiefs of Staff. Joint Publication 3 – 14 Space Operations [EB/OL], 2018 – 04 – 10 [2021 – 10 – 18]. https://www.bits.de/NRANEU/others/jp – doctrine/jp3_14%282018%29.pdf.

③ SEAL of the president of the United States of America. The National Security Strategy of the United States of America [EB/OL], 2017 – 12 [2021 – 10 – 18]. https://trumpwhitehouse.archives.gov/wp – content/uploads/2017/12/NSS – Final – 12 – 18 – 2017 – 0905 – 2.pdf.

性、重建和作战能力，以确保美军太空能力。[①] 2018 年 3 月，美国《国家太空战略》提出实施转变太空体系架构、增强威慑和作战能力选择、提升太空行动效能基础能力、创造有利国内和国际环境等举措，全力维持其太空领导力和太空自由行动。[②]

2018 年 12 月，特朗普指示国防部组建太空司令部。这一新组织成为美国第 11 个联合作战司令部，全面负责美军的太空行动。时任美国副总统彭斯表示，新的太空司令部将整合现有美军各军种的太空力量，发展太空纲领、策略、技术和流程，提升新时代太空作战能力。根据美军战争实践及相关条令论述，太空作战是以太空作战力量为主体，以太空为主要战场，为有效控制和利用太空、充分发挥太空作战力量的效能而采取的各类军事行动。目前，美国已将全力维持太空领导力和太空自由行动视为战略目标。其中，夺取和保持太空优势是美军太空作战力量的根本目的；摧毁、破坏或削弱敌方太空作战力量体系，保持己方太空作战力量安全，为己方部队提供可靠太空支援和保障，成为其太空作战力量的三大任务。

（二）将太空“拥挤、竞争、对抗”环境视为“作战域”

自 2011 年版《国家安全太空战略》首次将太空环境描述为“拥挤、竞争、对抗”[③] 起，美国便开始逐步认为太空战不可避免。例

---

① Department of Defense. Summary of the 2018 National Defense Strategy of the United State of America [EB/OL], 2018 - 01 [2021 - 10 - 18]. https://dod.defense.gov/Portals/1/Documents/pubs/2018 - National - Defense - Strategy - summary.pdf.

② The White House. President Donald J. Trump is Unveiling an America First National Space Strategy [EB/OL], 2018 - 03 - 23 [2021 - 10 - 18]. https://trumpwhitehouse.archives.gov/briefings - statements/president - donald - j - trump - unveiling - america - first - national - space - strategy.

③ Department of Defense, Office of the Director of National Intellegence. National Security Space Strategy (UNCLASSIFIED SUMMARY) [EB/OL], 2011 - 01 [2021 - 10 - 25]. https://www.dni.gov/files/documents/Newsroom/Reports%20and%20Pubs/2011_nationalsecurityspacestrategy.pdf.

如，在 2014 年美国国家安全委员会开展的太空战略投资组合评审结果中，再现以武力应对太空威胁的主导和控制基调。随后，美国空军极力渲染太空是“作战域”。2016 年 6 月，美国空军《太空任务部队》白皮书提出，要在对抗激烈、能力降级和作战受限的环境中挫败威胁、赢得胜利。① 2017 年第 33 届太空年会上，美国空军太空司令部司令约翰·雷蒙德重申，军事太空已进入高级阶段，太空是与陆、海、空、网并行的联合作战域。对太空安全环境认识的变化，不乏美国空军刻意炒作以强化自身重要性的可能，同时也表明美国由此产生的巨大忧虑。

事实上，美军一直非常重视太空作战。例如，为加强联合太空作战指挥控制体系的建设，美军在联合作战层面多次制定和完善太空作战条令。1998 年美国空军《太空作战条令》系统阐述了联合太空作战行动的基本原则、指挥关系、计划制订、部署实施等内容。2000 年美国参联会首部《太空作战战术、技术和程序联合条令》标志着太空作战正式成为美军联合作战的组成部分。2009 年美国参联会《太空作战条令》明确了军事航天在联合作战中的作用、太空任务领域、太空力量指挥与控制、太空力量各部门职责以及太空军事行动规划等。2013 年美参联会再版《太空作战条令》首次将太空威慑作为太空作战的基本原则之一。2017 年美军《太空作战架构》进一步明确太空已成为作战域、太空力量必须面向对抗环境转变为作战部队。2018 年美国参联会最新版《太空作战条令》首次确立“太空联合作战区域”概念，详细介绍了太空联合作战的指挥、控制、计划和评估等。太空作战理论的发展标志着美军太空力量运用日趋成熟，也集中体现了特朗普政府备战太空的新动向。

---

① Air Force Space Command. Space Mission Force Developing Space Warfighter for Tomorrow White Paper［EB/OL］, 2016 - 06 - 29［2021 - 10 - 25］. https://s3. documentcloud. org/documents/2995975/AFSPC - SMF - White - Paper - FINAL - AFSPC - CC - Approved - on. pdf.

（三）通过演习与实战锤炼提升太空联合作战能力

与此前相比，2018 年版《太空作战条令》强调，太空作战不仅包括将军事太空能力融入联合作战之中，而且包括对抗对手的进攻性太空行动，以确保自身太空系统安全；将原太空作战任务所包含的“太空态势感知、太空力量增强、太空（勤务）保障、太空控制、太空力量运用”五大领域，调整为“态势感知，太空控制，定位、导航与授时，情报、监视与侦察，卫星通信，环境监测，导弹预警，核爆探测，太空运输及卫星操作”十大能力领域①，进一步突出了太空联合作战深度融合的思想。

为充分理解、验证和完善太空作战条令，提升太空联合作战能力，截至 2021 年 12 月公开报道，美军先后进行了 14 次“施里弗”太空战模拟演习，持续强化对太空安全、太空力量运用、太空与网络/电磁等空间融合、多域战指挥控制等重大战略性问题的认识。与“施里弗”演习聚焦战略层面问题不同的是，2017 年以来组织的多次“太空军旗”演习则聚焦战役和战术层面的演训②，提升美军利用太空控制手段防护和保卫美国资产和利益、在太空能力降级或受损情况下确保太空作业、在冲突拓展至太空时开展太空作战以及慑止太空冲突等能力。

除开展太空战演习外，美军在多次实战中持续检验其太空力量联合运用能力。2018 年 4 月，以美国为首的多国联军对叙利亚实施

---

① The Joint Chiefs of Staff. Joint Publication 3 – 14 Space Operations ［EB/OL］，2018 – 04 – 10 ［2021 – 10 – 18］：Ⅱ – 1 – Ⅱ – 8. https：//www. bits. de/NRANEU/others/jp – doctrine/jp3 _ 14%282018%29. pdf.

② Phillip Swarts. Air Force launches “Space Flag” exercise inspired by IMAX – worthy Red Flag war games ［EB/OL］，2017 – 05 – 03 ［2021 – 10 – 18］. https：//spacenews. com/air – force – launches – space – flag – exercise – inspired – by – imax – worthy – red – flag – war – games.

联合打击行动，检验了在战役级作战计划中深度融入天基信息对抗作战的能力。在这场联合作战行动中，“多国空天联合作战中心”负责拟定空中作战计划和太空作战计划，太空参谋的数量由 2001 年阿富汗战争时的 1 人增至近 30 人，太空人员前所未有地深度参与，太空力量举足轻重。在打击行动结束后，美军太空参谋称，甚至在某种程度上，作战行动时间和计划是由太空参谋来决定；在联合打击行动多目标精确打击阶段，美军导航定位、通信保障、侦察监视、战场环境保障、导弹预警、空间信息对抗等天基系统发挥了关键作用。

（四）聚焦“天眼”与“快打”体系建设提升太空战能力

现今，美军通信、指挥控制、导弹预警、核爆探测、天气和全球定位等各种功能卫星系统对美国国家安全至关重要。据统计，美军 90% 的军事通信与战略情报、100% 的导航定位与气象信息等来自太空系统。可以毫不夸张地讲，没有可靠的太空支援，美军精确制导弹药、远程无人侦察机、全球指挥控制系统等信息化武器装备都将失灵，美军将退回到机械化战争时代。

然而，物极必反。也许正是由于美军对太空系统的强烈依赖，才使其越发感到太空系统的脆弱性和易受攻击性。对此，2018 年版《太空作战条令》强调，采取防御性作战、重构及弹性三类措施，减缓美国太空作战面临的自然威胁和人为威胁，以实现“太空任务保证”。[①] 但不管是减缓自然威胁，还是人为威胁，都需要构建强大的太空态势感知体系，为实现“太空任务保证”提供“天眼”，为预

---

① The Joint Chiefs of Staff. Joint Publication 3 - 14 Space Operations [EB/OL], 2018 - 04 - 10 [2021 - 10 - 18]: Ⅰ - 7. https://www.bits.de/NRANEU/others/jp - doctrine/jp3_14%282018%29.pdf.

防以及反击行动锁定目标。如美军2002年即已启动的“天基太空监视卫星计划”以及正在实施的“地球同步轨道太空态势感知计划”等，将提高美军描绘太空目标特征的能力，为其遂行太空作战提供所需的感知信息。此外，美军“天眼”建设不但聚焦太空目标感知，还紧盯提升探测高超声速武器等新型目标的能力。比如其“下一代过顶持续红外计划”，即包含加速更新和部署探测高超声速武器目标预警卫星系统的任务。

此外，随着美各军兵种的强势介入与热心参与，由美国陆军最先提出的多域战理论，正发展成为汇聚陆、海、空、天、网、电等作战域战场数据快速分析和诸军兵种协同的多域作战理论。据美国《防务新闻》周刊网站2018年9月发表文章称，“太空武器使得多域战成为可能，而这正成为现代战争的常态”，是太空对美国所有军种都非常重要的原因之一。太空系统除对美军实施全球指挥控制、提高联合作战能力、夺取信息化战争优势等提供决定性支撑作用外，从太空投射力量构建“快打”体系，正成为美军“常规快速打击计划”全球部署、全球到达和全球进攻与导弹防御等任务的重要组成部分。例如，2019年1月美国新版《导弹防御评估》报告强调，在突出对提升太空态势感知需求的基础上，强调寻求对高超声速武器等全程跟踪和监视能力①，试图探索未来可能的天基拦截弹能力。

（五）或再次掀起太空军备竞赛

2019年1月17日，特朗普在视察美国国防部时表示，全面升级导弹防御系统，全力备战太空。特朗普此举以及新版《导弹防御评

---

① Department of Defense. 2019 Missile Defense Review [EB/OL], 2019-01-15 [2021-10-25]. https://www.defense.gov/portals/1/interactive/2018/11-2019-missile-defense-review/mdr-fact-sheet-15-jan-2019-updated.pdf.

估》报告的出台，立即被俄罗斯、欧洲、日本等媒体视为2.0版“星球大战”。不过，可以预见，与1.0版“星球大战”不同的是，此次已有前车之鉴，此招未必好使。实际上，长期以来面对太空竞争的日趋激烈，世界各国依据本国战略需求一直在“摩拳擦掌”，以在太空竞争中占有一席之地。

俄罗斯仍然是军事航天领域的主要竞争者，其储备了几十年的广泛的太空活动经验，拥有一个组织健全的航空航天防御部队，其中太空部队任务除负责监视太空物体、识别潜在威胁、防止太空攻击、发射/控制并操作卫星外，还在持续增强动能/非动能物理攻击、电子干扰等反卫星能力。尽管欧盟在太空技术、数据和服务方面投资巨大，在太空领域享有强大优势，但随着竞争压力增大，为适应新的需求，欧盟仍建议在2021—2027年下一个长期预算中投资160亿欧元来维持并进一步提升太空领域竞争优势。尽管日本尚限于“专守防卫”原则范围，且置于《美日安保条约》之下，但基于长期的“修桥铺路”，其新版《防卫计划大纲》已有所“突破”——增设太空部队、监视他国可疑卫星，其意欲如何不言而喻。

总之，在目前的全球竞争与安全态势下，美国等持续强化太空竞争优势、全力备战太空，目标明确、走向鲜明、重点突出。对此，我国需加强战略研判，做到知己知彼，以助力我国统筹谋划、保持战略主动。

二、美国新版《太空作战》条令变动汇总①

美国参联会于2018年发布的新版《太空作战》条令，② 取代了

---

① 原载于2018年5月16日“一言航天”公众号，有删改。

② The Joint Chiefs of Staff. Joint Publication 3 - 14 Space Operations [EB/OL], 2018 - 04 - 10 [2021 - 10 - 18]. https://www.bits.de/NRANEU/others/jp - doctrine/jp3_14%282018%29.pdf.

2013 年版的《太空作战》条令。下面我们来看看这部条令有何变动。

（一）根据《联合出版 3－0 联合作战》，将太空能力和 7 项联合职能相结合

7 项联合职能包括指挥控制职能、情报职能、火力职能、机动职能、持续作战职能、防卫职能以及信息职能。此次将太空作战职能与 7 项联合职能结合，突出了太空在未来战场中的重要性。说明未来美国会加大联合部队与太空支援的配合。

（二）建立一个被称为“太空联合作战”的新型作战区域

太空联合作战区域：作战领域以太空领域为边界，指派给美国战略司令部司令，太空作战由美国战略司令部执行，太空联合作战区域也被称为 SJOA（批准列入《国防部词典》）。

太空联合作战区域将作战领域从传统的陆地、太空、海洋扩展到太空，为太空战做好了准备。

（三）联合作战指挥层面的协同支撑关系

为了在联合作战中更好地规划和执行任务，国防部长建立了作战指挥官之间的协助关系。需要其他部门提供支援的指挥官申报任务、申请资源，与相应的政府部门和机构协调，并制定实现目标的计划；其他可提供支援的指挥官根据国防部长的批准提供前者所申请的资源，以协助其完成需要额外资源的任务。

（四）明确作战人员可以利用太空资源遂行作战任务以及评估可预见的效果

明确作战人员可以利用太空资源遂行作战任务以及评估可预见的效果，为美国太空作战奠定基础，为下一步的太空部队的演训施训做了规范。

（五）引入了一个关于太空威胁的章节，详细地说明了太空作战中存在的一些自然威胁和人为威胁，并介绍了太空任务保障中缓解威胁的概念

太空是一个十分脆弱的环境，日益拥挤，竞争激烈。对卫星的自然威胁包括太阳活动、辐射带和自然轨道碎片。人为威胁可能是无意的（例如，卫星碎片或电磁干扰），也可能是有意的（例如，干扰、激光攻击、网络空间攻击和反卫星武器）。一些国家正在论证、发展一些极具破坏性的太空武器。

（六）阐明太空协调机构的定义

太空协调机构负责计划、整合和协调太空作战，整合太空效能以支持战略司令部指挥官，也称 SCA。

（七）增添了对太空领域和太空优势的描述

太空领域是指在大气层之外的领域。在这里，大气对物体的影响变得微不足道。与空中、陆地和海洋领域一样，太空是实施军事、民用和商业活动的物理领域。太空与网络空间的关系是独一无二的。许多太空活动依赖网络空间，关键部分的网络空间也只能通过太空活动提供。

（八）删减了太空任务区域的分类，以与当前的太空作战保持一致

正如上文所述，美国将实行新的太空联合作战理念，原有的“空间力量增强，空间力量运用，空间支持，空间对抗，任务支持”的任务划分随着新条令和新作战理念的改变而发生变化。面对新的太空力量威胁，美国迅速地做出了反应。

（九）详细阐述了太空作战的规划和执行，包括联合太空任务的顺序流程

明确了各部门的职责，使太空作战更规范。

（十）删减了若干附录，并将有关材料纳入正文（略）

（十一）更新了一些命名规范（略）

（十二）扩展了对太空作战的特定服务的贡献（略）

（十三）进行了补充和修订，以与国家政策、国防部通告和其他联合出版物相一致

可以看出，随着条令对太空作战理论的进一步规范，美国在太空方向加强资金投入和优势技术研发应用的同时，极其注重太空战略、作战条令等策略和制度规定的完善发展，不断推进太空作战的体系化建设进程，此次颁布《太空作战》条令就是其中的重要内容，对美军太空作战对象、范围、流程等各环节做了说明，对作战人员如何遂行作战任务有了更明确的规范，这标志着美军太空作战迈出了更加实质化的步伐，展示了美国在太空领域保持对其他国家的绝对优势的雄心勃勃。

三、太空军时代来临，美国宣布成立第六军种①

“我们将拥有一支太空军和一支空军，二者相互独立但是地位平等。”②

——唐纳德·特朗普

（一）早有准备

美军太空作战思想的产生最早可以追溯到1959年，在当年颁发的第AFM1－1号空军条令《美国空军航空航天基本理论》中，美军首次提出了“航空航天力量”的概念，美军的太空作战思想由此开始萌芽。

1971年，美国空军着手对第AFM1－1号空军条令进行了修订，首次阐述了“空军在太空的作用”，要求“必须确保没有别的国家通过对太空的探索获得战略上的好处”。该条令还明确规定，“与航天器有关的具体责任由美国空军承担”。这表明太空作战早就引起了美军的极大重视。在1973年爆发的第四次中东战争中，正是在美国

① 原载于2018年6月25日“一言航天”公众号，有删改。

② Valerie Insinna, Aaron Mehta. Trump orders creation of independent space force — but Congress will still have its say [EB/OL], 2018－06－18 [2021－10－25]. https://www.defensenews.com/space/2018/06/18/trump－orders－creation－of－independent－space－force.

侦察卫星的大力帮助下，以色列才发现了埃及军队的薄弱之处，成功地偷渡大苦湖，一举扭转了战争初期的被动局面，美国的太空力量经过此役经受了实战考验。

1982 年 10 月 15 日，美国空军正式颁发了第一部太空作战条令，即 AFM1 -6 号《军事航天理论》。这标志着美军太空作战理论的初步形成。此后经历多次修改不断完善。美国的太空力量在美国历次战争中也在不断地发挥作用。

单独成军前美军太空作战力量分散在陆、海、空三军以及部分政府部门中，实力强大。

（二）为何成军

1. “9·11”事件之后，美国战略重心转向反恐，在此背景下，太空成为美国的次要优先任务，预算吃紧，使得美国的太空优势相对而言被削弱了。特朗普当选总统后，美国的太空战略随着美国所处的战略形势、政府首脑的执政理念的变化而发生了一系列变化，美国为了巩固自己的霸权，在太空领域提高了投入。

2. 美国目前的军事行动对太空体系高度依赖，太空力量对美军每次军事行动都十分重要。太空本身没有明确的疆域边界，太空环境中的设备也十分脆弱，因此特朗普政府认为当前美国的太空安全面临着很大的威胁。太空已经和地面、海上、空中一样，成为了一个新的作战领域，成为了新的战场。

3. 其他国家太空实力增强威胁了美国的太空利益。

4. 本国强大的太空力量为成军提供了坚实保障。美国早在 1985 年就成立了美国航天司令部，后在 2002 年并入战略司令部。第 21 空间联队，位于科罗拉多州彼得森空军基地，实施全球空间监视与导弹预警作战。第 30 空间联队，位于加利福尼亚州范登堡空军基地，管理国防部空间和导弹系统测试，负责从美国西海岸发射一次性火箭将卫星送入近极地轨道。第45空间联队，位于佛罗里达州帕特里克空军基地，提供航天发射和跟踪设施、安全程序以及试验数据。第50空间联队，位于科罗拉多州施里弗空军基地，负责指挥和控制国防部投入使用的卫星系统，操作和管理空军卫星控制网络普通用户部分。美国空军航天司令部也可以监视所有人造空间物体，执行空间发射任务和管理陆基洲际弹道导弹。美军航天司令部已经对其部队进行了部分重组，第50和第21联队（部分）已经具备初始作战能力，第21联队其余部分和第460联队也于2017年10月具备初始作战能力。第21联队下属的第18太空控制分队在2017年就预警了30万起可能发生的太空碰撞。

5. 独立成军前的编制制约力量发展，独立成军可解决这一结构矛盾。美国也在谋求增强自己的联合作战能力，像之前的那种资源分布在各个单位的形式明显是不合适的。就像美国空军曾用了26年时间从陆军独立出来一样，太空军也必然要从空军中独立出来。又例如，美空军指挥院校培训中涉及太空军事的内容极少，与太空在现代战争中的重要性不成比例。如在空军战争学院、空军指挥和参谋学院为期一年的硕士研究生教学计划中，除选修课外，太空军事课程只占2学时，占总学时（450学时）的0.5%以下。所以美国希望通过这一策略改变现阶段的情势。

（三）回顾展望

美国的太空军无论成不成立，军事太空力量都一直存在。此次独立成军，是对其力量的整合，也体现了美国战略的回归，从之前的反恐作战以致太空投入变为次要这一战略中回归。美国起步早，积累深，实力强大。美国的削弱是相对的，其在太空领域仍然处于优势地位。

技术的发展使太空的价值开始体现，太空成为争夺的新领域已是可见的趋势。美国不会允许自己的霸权受到削弱抑或是挑战，这次美国对太空的加强控制，也是一种必然的选择。

四、美国太空军欲独立成军“恰逢其时”吗[①]

2018 年，美国总统特朗普再次高调提及美国将组建独立的太空部队。事实上，美国围绕是否建立一支独立的太空部队讨论了数十年。2017 年，美国众议院军事委员会虽在《2018 财年国防授权法案》中起草了有关这支部队的条款[②]，但由于军方高级官员意见不一而被撤销。自 2018 年 3 月起，特朗普多次在不同场合明确表示，正在考虑是否组建独立的太空军以专注应对太空战争的问题。2018 年 6 月 18 日，特朗普在国家航天委员会会议上命令国防部立即启动必要程序组建独立的太空军，以保持对中俄等战略竞争对手的优势。

（一）是现实所需还是现实所迫？

在当前国际体系深刻演变的背景下，大国之间围绕权力和利益再分配的斗争呈明显加剧态势。巩固和扩大在陆、海、空、天、网及相关新兴领域的军事优势，构成当前美国战略调整的重要指向，也是特朗普政府新版《国家安全战略》以及《国防安全战略》的重

---

① 原载于 2018 年第 14 期《世界知识》，有删改。

② The Congress. National Defense Authorization Act for Fiscal Year 2018 [EB/OL], 2018 [2021 - 10 - 25]. https://www.congress.gov/bill/115th - congress/house - bill/2810? __cf_chl_jschl_tk__ = pmd_QCACy9KuGJ223Wc.

要内容和支撑。太空作为美国维护其战略利益的支柱领域，地位不可替代。近年来，面对国际太空领域日益呈现的拥挤、竞争、对抗以及多极化、全球化战略新格局，伴随“重返亚太”“第三次抵消”和“反介入/区域拒止”等战略的实施，美国太空战略优势得到巩固甚至扩大。那么，特朗普为何还要极力推动太空部队独立成军呢？综合来看，可能有以下几个方面的原因。

一是美国对太空体系的高度依赖性与太空体系自身的高度脆弱性，使特朗普政府认为其太空安全面临日益严峻的威胁，竞争对手太空实力增强（比如，2015 年 8 月俄罗斯宣布将空军和空天防御兵合并，组建一个新的军种——空天军）威胁了其太空利益，从而将太空视为与地面、海上、空中一样的新的作战领域。

二是美国欲通过“这一手”实现一箭双雕的目的。这也许是比较现实的原因。一方面，正如特朗普所言，创立太空部队和推动美国航空航天局以及私营部门的太空探索行动，无论是从经济上还是军事上都具有重要意义；另一方面，特朗普此举可能引发新的军备竞赛，进而妄想实现类似当年“星球大战”计划拖垮苏联的全球霸权竞争的战略目的。正如俄罗斯《独立报》援引独联体国家研究所副所长叶夫谢耶夫的评论报道称，美国组建太空军与特朗普欲在世界居主导地位的愿望有关。

当然，特朗普也指出，目前太空军发展与应用受限，也是其极力推动成立与空军“隔离 + 并列”的太空军的重要原因。比如，美国太空力量长期在空军的督管框架内进行运作，造成太空军建设获得的重视程度与其战略地位不相匹配，出现太空军建设经费投入不升反降、决策体制不成体系、太空专业人才晋升渠道受限等问题。另外，美国太空力量除主要从属于空军太空指挥部外，少数归海军太空与海洋战争系统指挥部、陆军太空与导弹防御指挥部以及导弹防御局、国家侦察局、国家海洋与大气管理局等部门，造成部队资源不集中、重复投入、成本增加等问题，不利于整合和扩充太空资源，无法满足高效应对太空竞争和威胁的需求。

（二）加快步伐说起来容易做起来难

美国组建独立太空部队的议题提出后，立即引发参众两院、国防部长、空军部长等相关各方的热列讨论。即使特朗普明确指示国防部启动组建程序，但各方并未就此议题达成一致。从多方响应情况看，美国太空部队独立成军的步伐可能会加快。

据有关报道，2018 年 3 月美国国防部应国会要求对太空部队进行评估，并定于 2018 年 8 月提交中期报告，2018 年 12 月底前提交最终报告。白宫发言人在声明中也表示，总统希望国防部立即着手组建一支太空部队，国家航天委员会和其他政府机构将配合国防部，尽快落实总统指示。随后，美国国防部官员称，确保美军在太空的主导地位和优势至关重要；未来参联会将与国防部长办公厅及其他国防部机构、国会密切合作，尽快实施总统指示。就连最初持反对意见的原国防部长马蒂斯、原空军部长威尔逊等也改变了态度。2018 年以来，马蒂斯对独立太空部队的态度开始变得中立，他在 2018 年 5 月底表示需要重新审视独立太空部队问题，如果必须改变组织结构，他将持开放态度。威尔逊也表示，空军期待与国防部、国会以及其他国家安全机构共同推进独立太空部队计划。

不过，这一议题仍面临许多反对声音，是否能最终落地仍是未知。比如，与特朗普支持太空部队完全独立为美国第六支武装力量不同，众议院在 2018 年 5 月通过的《2019 财年国防授权法案》中支持建立一支空军下属的太空部队，拥有独立的采办体系，在美国战略司令部下建立一个专门负责太空的联合司令部①，相关规划拟在2019年12月31日前提交国会国防委员会。在审议《2019财年国防授权法案》时，参议院官方未就独立太空部队表态。但参与太空议题的民主党参议员纳尔逊称，现在不是空军分裂的时候，组建太空部队将是一项大规模的机构重组，这将使美国在短期内打一场太空战争的能力变得更加复杂而不是增强。

确实如此，如果国会最终立法批准这一议题，组建独立的太空部队可能对美军组织结构调整和太空备战行动产生深远影响。但由于美国现太空力量分散在多个部门，历史遗留问题较多，机构调整涉及范围广，需大量的具体规划，且受经费、硬件、国际法等制约，独立的太空部队快速组建完成的可能性较小。此时，可能会有更多的人重新审视俄罗斯为何合并空军和空天防御军而组建空天军。

（三）太空可"被主宰""被独立"吗？

特朗普称："在保卫美国方面，仅仅让美国保持在太空的存在是不够的。我们必须让美国主宰太空。"对此，美国海军军事学院的国家安全事务教授约翰逊－弗里兹指出，特朗普关于"主宰"太空的想法引发质疑，因为从军事角度而言，"主宰"通常意味着在一段有限时间内完全控制一片有限区域，那么，如何"主宰"太空？如何控制一切无限之事物？

鉴于太空环境特性、太空资源运行与应用机理完全不同于陆地、海洋、空中三大传统领域，太空本身没有明确的疆域边界。与特朗普强调的太空攻防行动相比，太空信息服务行动才是无时无刻不在

---

① Jim Garamone. Trump Signs National Defense Authorization Act for Fiscal Year 2019 [EB/OL], 2018-08-03 [2021-10-25]. https://www.defense.gov/News/News-Stories/Article/Article/1601016/president-signs-fiscal-2019-defense-authorization-act-at-fort-drum-ceremony.

太空内外发生。且伴随网络技术发展和临近空间飞行器的出现，“空、天、网、临”将深度融合。此时，如何将太空与其他领域轻易“剥离”？

另外，不分你我的太空作为全人类的共同财产，人类对太空的探索和利用涉及全人类的利益。未来的太空也不可能是导弹、卫星、电磁波的无限对抗，而应被各大国的太空设施共同利用。目前，太空轨道开始日益拥挤，太空碎片越来越多，太空环境亟须治理。如果再像海军竞赛和核军备竞赛那样争夺空间性因素，最终会一损俱损、互相毁灭。据此可判断，未来若出现“星球大战”，其核心趋势是对抗，而不是对攻。竞争双方强大的太空作战系统在太空中可能均处于引势待发的状态，在这种情况下，具有令对手无法防御的进攻能力便成为决定对抗态势的关键。哪怕总体上处于劣势，但只要具备一两项对方无法制约的非对称“一招鲜”进攻能力，弱者也足以保护自己。

此时，再看美国康奈尔大学军事和海军历史学家施特劳斯所说的“此事不是总统拍拍脑袋就能做成的，必须经由国会辩论和讨论”，就不足为奇了！因此，美国太空部队独立成军近期很难有实质性的进展，但未来的发展趋势不可不防。这或许与特朗普的个性和意志以及美国所处的战略形势紧密相关，值得长期关注。2019 年 12 月 20 日，美国太空军在空军部下正式成立①。

---

① 丰松江、董正宏. 太空，未来战场!? ——美国太空军事化新态势新走向. 时事出版社，2021。

第二章　亮相：公众宣传与大众文化

一、美国公布 X－37B 太空飞机试验内容意欲何为①

2020 年 5 月 6 日，X－37B 太空飞机出现在美国太空部队招募宣传的广告片中。5 月 16 日，这款波音制造的轨道试验装置 6 号在卡纳维拉尔角用阿特拉斯－5 号运载火箭发射，并自主飞行和降落。

不同于 X－37B 此前的 5 次行动，美国此次公开了它的任务（或许是部分任务）。

1. 搭载美国空军学院开发、空军研究实验室赞助的小卫星“猎鹰”卫星 8 号，小卫星作为教育平台，带有 5 个试验载荷。

2. 美国国家航天局的两个试验，研究辐射和其他空间效应对材料样品和种植植物种子的影响。

3. 海军研究实验室将试验把太阳能转化为无线电频率微波并将其传输到地球。

这些试验是不是都披着和平利用的外衣做着些别的勾当我们不得而知。此前的任务内容都是高度保密的。上次 X－37B 飞行是 2017 年 9 月 7 日发射、2019 年 10 月 27 日返回的。

---

① 原载于 2020 年 5 月 7 日“一言航天”公众号，有删改。

第一次飞行	2010	224 天
第二次飞行	2011—2012	469 天
第三次飞行	2012—2014	674 天
第四次飞行	2015—2017	718 天
第五次飞行	2017—2019	780 天

美国空军部长巴瑞特、太空部队作战部长雷蒙德在 2020 年 5 月 6 日的直播中都认为此前的太空活动过度保密了。这次活动是国家安全太空活动解密努力的一部分，他们试图教育公众和政策制定者们，太空资产对于日常生活或者国家安全有多么重要。

这到底是按部就班的新闻发布，还是转移公众“美国政府新冠病毒应对困境”视线的做法（与“特朗普发布 UFO”异曲同工），还是对中国近期航天发射的回应，还是简简单单的一次征兵宣传？

巴瑞特说，X－37B 这次飞行是献给“让美国再次强大”的第一批响应者的。美国太空部队新闻发言人威尔·拉塞尔少校说，未来我们将创造历史，我们需要科学、技术、太空、工程方面最精明的头脑加入进来。美国奈飞公司拍摄的网剧《太空部队》于 2020 年 5 月 29 日也已上映。

这些或许虽然不能说是给疫情中的美国注射了一针强心剂，倒也能看作是注射了一针消毒剂吧。

二、第 6 次升空：X－37B 来者不善①

2020 年当地时间 5 月 17 日，美国 X－37B 空天飞机在佛罗里达

---

① 原载于 2020 年 5 月 21 日《解放军报》，有删改。

州卡纳维拉尔角空军基地由阿特拉斯－5号运载火箭搭载升空，执行第6次太空飞行试验任务。

在发展太空军事能力方面，美军往往实行以在轨试验为名、行太空军事化之实，以及“以民掩军”的发展策略，X－37B即是这一策略的典型代表。然而，随着美太空军的成立，此次美国军方也罕见地公布了这次任务的不少细节，与以往对X－37B任务讳莫如深形成了鲜明的对比。

据报道，X－37B首次在其后部安装了一个服务舱，以携带比以往任何一次都多的试验设备。不难看出，X－37B已经不再是单纯的“试验对象”，也肩负起一定的“试验工具”职责。此次任务期间，除作为在轨平台开展空间环境对农作物生长的影响、将太阳能转换为微波并传回地球等多项试验外，X－37B还将释放其搭载的由美国空军学院研制的一颗小卫星，该卫星上装载有5件试验载荷。需要指出的是，将太阳能转换为微波并传回地球的试验一旦取得成功，就意味着未来将能在太空建成微波波束发电站，可以通过卫星向地球、航天器或其他卫星提供连续而可靠的动力，甚至可用于微波武器。

此外，美国空军参谋长戴维·戈德芬曾于2019年11月表示，很想看看F－35、F－22战斗机与X－37B之间是如何共享信息和对话的。本次任务期间，X－37B或将与战机等联手打造侦察、预警、情报、通信等全域作战“搭档”，验证空天联合作战新理念。

X－37B本次飞行要完成诸多任务，必然需要更强的在轨能力。X－37B自2010年4月首次发射以来，已完成5次飞行试验，累计在轨2860余天，在轨时间一次比一次长，第5次任务在轨时间达780天。如果不出意外，此次任务X－37B在轨时间将会更长。

为了确保“在太空的统治地位永不受质疑和威胁”，美国以作战域视角多管齐下备战太空已是不争的事实。X－37B具有较强的轨道机动能力、跨空天高超音速飞行能力，最高飞行速度超过 25 马赫。美国时任空军部长威尔逊曾扬言“X－37B 非同寻常的机动能力将会让敌人发疯”，这虽有一定的自吹自擂成分，但 X－37B 的灵活机动能力确实不容小觑。此外，X－37B 不但可以搭载释放小卫星遂行抵近侦察等任务，还可以搭载机械臂等遂行天基操控任务，以及作为导弹、激光发射器等先进武器的平台实施天对地、天对天远程打击，甚至可以直接作为武器打击地面时敏目标，堪称小型的“空天母舰”“空天战机的雏形”。美国太空军成立不久，便直接接手负责 X－37B 的发射、在轨操作、返回等任务。不久前，在美国太空军首次发布的征兵广告中，也出现了 X－37B 的画面。

作为目前全球唯一可重复使用的空天飞机，X－37B 兼具低成本高效往返太空与多功能太空控制平台特点于一身，必然会成为美国太空军事能力发展与军事运用的重要平台，其军事潜力不可低估，给太空和平带来的威胁也不容忽视。

三、美国太空军招募宣传片主打科技感镜头语言①

该宣传片共 33 秒，镜头从一个在海边仰望星空的男青年开始，描述很多人都有一个探索星空的梦想，镜头频繁从火箭发射场、指挥大厅、空间站、X－37B 着陆跑道、宇航员之间切换。

解说词：有的人凝视星空，问“如果这样?”我们的工作是给出回答。我们必须想象那些将要被想象的东西，计划着把现在仍然不可能的事情变成可能。有可能你想来这里是因为想提出问题，有可

---

① 原载于 2020 年 5 月 27 日“一言航天”公众号，有删改。视频源地址：https：//news. sky. com/video/us－space－force－releases－recruitment－video－11984301。

能你来这里是为了给出答案，有可能你在这个星球上的目标，并不在这个星球。

宣传片给受众一种太空军科技感很强、很高端的感觉。这也是太空军主打的、吸引年轻人的地方。其镜头画面、语言表达的技巧也是突出科技感，突出宇宙的广袤和人类的渺小。

该片突出科技感的方式有：全片几乎都在使用黑暗背景；使用全息影像掌握太空态势，火箭发射指挥大厅大屏幕上红蓝跳动的数字和不时颜色闪烁的模拟箭体，大屏幕上光斑构成的地球形态等镜头；甚至使用电视雪花般的字幕让人感觉像是数据在传输。

为突出人类渺小，全片涉及到的包含人的全景镜头几乎使用的都是大全景，不论是室内还是室外，全景中出现的人占屏幕高度都不超过1/3，甚至很多镜头中人物高度占比极低。

四、首部美国太空军成立纪录片[①]

《时代周刊》网2020年7月23日在网络上发布了一部纪录片《太空部队》，记述了美国成立太空军的过程，并且帮助太空军宣传，让公众相信太空军对美国人的安全和生活是至关重要的。片中一方面讲述了卫星在电话、电视、气象、导航方面给大家带来的好处。另一方面强调了美国所面临的太空威胁。

纪录片不仅重提了2020年1月俄罗斯卫星宇宙2542与2543抵近其军用锁眼间谍卫星，而且做出了简单的示意动画，便于公众理解。更是将干扰接收器、干扰上行链路、反卫星导弹等几种威胁方

① 原载于2020年8月8日“一言航天”公众号，有删改。视频源地址：https：//time. com/5869987/spaceforce。

式，也用示意动画呈现了出来。片中还刻意强调了 7 月 15 日宇宙 2543 发射出不明物体，引用太空军最高领导雷蒙德的指责，说此事是美国第一次指责别国的天基反卫星武器。

“外空那么大，航天器那么小，怎么会有危险？为什么需要管控？”记录片力图告诉美国民众，太空中不是没有威胁，要破除这些思维定式。片中邀请了太空领域民用态势感知和模拟仿真龙头企业 AGI 公司的技术人员，说这个问题在最近 10 年发生了巨大变化，已经有外国开始有一些行动。

纪录片虽然在言语上保持了克制，没有点名外国是哪些国家，行动是哪些行动，但配合技术人员讲话时播放的 AGI 公司内部图像帮他说了话。

镜头是 AGI 公司开发的 STK 软件模拟的中国实践 17 卫星的一些态势、俄罗斯 LUCH 卫星与欧洲通信卫星在某一时段的态势，用网格标示出了卫星周边的距离。

如果是无意流露出的，说明该公司一直在研究，至少是关注中俄的地球同步轨道卫星。如果是有意的，那么为什么是地球同步轨道？为什么是这两颗卫星？AGI 是感知/策划了什么引以为傲的行动，需要放在记录片短短的 6 秒里炫耀？或者他们是要传递给我们什么信息吗？

镜头是会说话的，镜头是会表达语言的。外行看热闹，那就是一闪而过的模拟仿真图；内行看门道，《时代周刊》网播出的这个纪录片必有所指。

五、太空军推出“Meet Commander”视频

2020 年 7 月 24 日，美国太空军建立了全新的太空“德尔塔部

队”，每一个“德尔塔部队”都有特定的太空任务。在遇见指挥官系列视频中，介绍了太空“德尔塔部队”2、3、6、7、8 和 9 的指挥官。[①] 此视频采访了每一个指挥官，指挥官回答了是什么吸引你来到美国太空军，在新的体制下太空“德尔塔部队”如何规划发展，以及它是如何激发与改变了你，作为太空“德尔塔部队”的成员你有什么期望等问题。视频多以讨论指挥官及其指挥下对组织的期望和目标，他们的领导理念和一些见解为主，可以帮助其下属人员更好地了解自己的指挥官。

六、太空军推出《太空面孔》（Faces of Space）视频[②]

美国太空军 2020 年 11 月推出的《太空面孔》系列视频。这是宣传美国太空军人员的基本工作、生活制度和基本情况，也是为招募征兵的视频，通过视频我们可了解支持美国太空军服役的士兵、军官的基本情况和想法。该系列视频每周推出一期人物视频，主要介绍了太空军人员的一些基本情况、个人爱好以及他们为什么选择服役太空军，介绍他们每天在军营的工作和生活，未来有什么打算，一些主要想法等等。

在已经推出的“面孔”系列报告中，涉及到的军官诸如詹姆

---

① 视频源地址：https：//www. dvidshub. net/video/766093/meet – commander – space – delta – 2. https：//www. dvidshub. net/video/764213/meet – commander – space – delta – 3. https：//www. dvidshub. net/video/772929/meet – commander – space – delta – 6. https：//www. dvidshub. net/video/767225/meet – commander – space – delta – 7. https：//www. dvidshub. net/video/772936/meet – commander – space – delta – 8. https：//www. dvidshub. net/video/763314/meet – commander – space – delta – 9。

② 视频源于：https：//www. schriever. spaceforce. mil/News/Article – Display/Article/2740199/faces – of – space – spc – 4 – jeremy – block/，https：//www. peterson. spaceforce. mil/News/Article/2698040/faces – of – space – 1st – lt – monica – callan/。

斯·帕特里克上尉、第一中尉莫妮卡·卡兰、第一中尉乔纳·麦克罗里、第一中尉凯利麦卡、第一中尉 Taylor Housken，以及一系列军士诸如加林多、Candy Bais 、SSgt Jesse Portillo、TSgt Ana Afonso、杰里米·布洛克、詹姆斯·兰道夫、参谋中士克里斯柯林斯。[①]

① 视频源地址：https：//www. dvidshub. net/video/730838/faces – space – msgt – galindo. https：//www. dvidshub. net/video/799660/faces – space – spc4 – candy – bais. https：//www. dvidshub. net/video/781529/faces – space – ssgt – jesse – portillo. https：//www. dvidshub. net/video/781525/faces – space – capt – james – paterick. https：//www. dvidshub. net/image/6442999/faces – space – tsgt – ana – afonso. https：//www. dvidshub. net/image/6795352/faces – space – spc – 4 – jeremy – block. https：//www. dvidshub. net/image/6736700/faces – space – 1st – lt – monica – callan. https：//www. dvidshub. net/video/804826/faces – space – 1st – lt – jonah – mccrorey. https：//www. dvidshub. net/image/6648613/faces – space – master – sgt – james – randolph. https：//www. dvidshub. net/video/786563/faces – space – 1st – lieutenant – kelley – mccaa. https：//www. dvidshub. net/image/6523055/faces – space – 1st – lt – taylor – housken. https：//www. dvidshub. net/video/776878/faces – space – staff – sgt – chris – collins.

第三章　推进：逐步完善架构，补齐人员

一、美国太空军改组重构，成立“德尔塔部队”和“卫戍部队”

美国太空军2020年7月24日宣布，美国空军原3个太空军联队已被撤销，取而代之的是“德尔塔部队”和“卫戍部队”。这一最新调整是在6月30日将太空军直属部队编入三大司令部之后进行的。每个司令部下都将有“德尔塔部队”和“卫戍部队”，其下设中队。与空军的部队编制相比，太空军的结构更加扁平，取消了联队（将级）层级和部分大队（上校级）层级。

新的部队被称为“德尔塔部队”和“卫戍部队”。“德尔塔部队”相当于此前的太空军联队下属的大队（相当于陆军的旅），由上校担任指挥官，负责执行特定的作战任务。“卫戍部队”则负责为相应“德尔塔部队”提供支持职能，如基地安全、民用工程、公共事务、医疗等。“卫戍部队”与“德尔塔部队”互不隶属，相互是平行机构。

当时成立的太空军已经成立8支“德尔塔部队”和2支“卫戍部队”，分别是：

（一）“德尔塔部队”（8 支）

8 个以任务为重点的太空“德尔塔部队”将隶属太空作战司令部。

第二太空“德尔塔支队”主要负责空间态势感知，取代彼得森空军基地的第 21 作战大队。

第三太空“德尔塔支队”主要负责电子战，取代彼得森空军基地的第 721 作战大队。

第四太空“德尔塔支队”主要负责导弹预警，取代巴克利空军基地的第 460 作战大队。

第五太空“德尔塔支队”主要负责指挥和控制，取代加利福尼亚州范登堡空军基地的第 614 空中作战中心。

第六太空“德尔塔支队”主要负责网络空间作战，取代施里弗空军基地的第 50 网络作战大队。

第七太空“德尔塔支队”主要负责情报、监视和侦察，取代彼得森空军基地的第 544 情报、监视和侦察大队。

第八太空“德尔塔支队”主要负责卫星通信和导航战，取代施里弗空军基地的第 50 作战大队。

第九太空“德尔塔支队”主要负责轨道战，取代施里弗空军基地的第 750 作战大队。

（二）卫戍部队（2 支）

彼得森－施里弗基地的“卫戍部队”，已在彼得森空军基地成立。该部队将支持格陵兰岛的图勒空军基地、科罗拉多州的夏延山空军基地、夏威夷的卡埃纳空军基地和新罕布什尔州的新波士顿空军基地，以及全球另外 16 个地点。

巴克利卫戍部队将为马萨诸塞州科德角空军站、北达科他州卡瓦利空军站、阿拉斯加克里空军站以及另外 10 个任务地点提供支持。

此外，太空军还在彼得森空军基地成立了一个太空训练和战备（STAR）“德尔塔部队”（临时），作为太空军太空训练和战备司令部的前身。

对于负责发射的范登堡空军基地第 30 太空军联队和佛罗里达州帕特里克空军基地第 45 太空军联队目前尚未重组，但最终也将按照“德尔塔部队”和“卫戍部队”结构进行调整，由这两个太空军联队重组的“德尔塔部队”将隶属太空系统司令部，负责全美最大的东西航天发射场的运营，并监督军事、民用和商业航天发射。美军官员认为，将发射部队归入太空系统司令部非常重要，这是因为太空系统司令部太空与导弹系统中心负责从商业公司采购发射服务。

二、美国超过 2400 名空军人员转隶太空军①

从 2020 年 9 月 1 日开始并持续整个秋天，超过 2400 名空军现役人员，从全球各地以公开或私人仪式的形式，正式转入美国太空军。

据太空军女发言人林恩 · 柯比（Lynn Kirby）称，2400 名太空军新成员分布在全球 175 个地点。这 2400 名人员是从申请转录的 8500 多名空军人员中挑选出来的，其中只有在太空作战和太空系统作战职业领域的空军人员被选中。

大约一半的新成员来自于位于科罗拉多州的巴克利、彼得森、

① 原载于 2020 年 9 月 10 日“我们的太空”知乎，有删改。

施里弗空军基地和加利福尼亚州的范登堡空军基地，另一半来自美国其他地区以及部分海外地区，包括德国、格陵兰岛、日本和英国等。

考虑到当时美国新冠肺炎疫情蔓延、大规模集会被限制的情况，太空军定于2020年9月15日举行线上宣誓仪式，来纪念此次转隶。在此之前，太空军作战部长约翰·J. 雷蒙德上将（John W. Raymond）将在美国空军协会举办的关于“空、天、网”的虚拟会议上发表现场讲话。除了选择参加宣誓仪式外，这些转隶人员还可以选择参加私人举办的或当地组织的仪式。

雷蒙德说：“这对太空军和每一位太空专业人员来说都是一个重要时刻。”“我们打算给予我们太空军新成员及他们的家人以应得的特殊表彰，同时还要与美国人民分享这一历史性事件。”①

在正式转隶日，士兵们将进行入伍宣誓，并签署进入太空军的入伍合同。军官们将进行就职宣誓，并签署太空军正式服役文件。军官和士兵都将承担至少两年的志愿转隶的服役承诺。

负责人事与后勤的太空军作战副部长帕特里夏·马尔卡希（Patricia Mulcahy）说：“为了让我们走到今天，太空军和空军人员之间已经在背后规划了大量实质性的计划。”“我们理解影响成员做出自愿转职决定的个人情况，我对我们团队在每一个决定上的深思熟虑感到非常自豪，这种深思熟虑确保我们能够为新成员提供尽可能无缝的转职过程。”②

---

① Sandra Erwin. More than 2400 airmen to transfer to U. S. Space Force in September ［EB/OL］, 2020 - 07 - 16 ［2021 - 10 - 25］. https://spacenews. com/more - than - 2400 - airmen - to - transfer - to - u - s - space - force - in - september.

② Brian Everstine. Raymond to Swear in New Space Force Members at AFA's Virtual Air, Space & Cyber Conference ［EB/OL］, 2020 - 09 - 01 ［2021 - 10 - 26］. https://www. airforcemag. com/raymond - to - swear - in - new - space - force - members - at - afas - virtual - air - space - cyber - conference.

太空军还为新成员们创建了线上咨询平台，以询问有关转隶和仪式的问题。转隶所需文件、仪式模板和相关信息的详情，可以在空军官方网站 my. af. mil 上找到。

三、美国国家航天局与美国太空军签署合作备忘录[①]

2020 年 9 月 22 日，在由美国空军协会的米切尔航空航天研究所赞助的一次活动中，美国国家航天局（NASA）和美国太空部队（US Space Force）签署了新的谅解备忘录（MOU），该谅解备忘录取代了 2006 年美国空军与 NASA 之间签署的谅解备忘录，并着重强调了美国国家航天局的行星防御与太空部队的天域感知之间的协同。

美国国家航天局与国防部（DOD）的合作由来已久，可追溯到美国国家航天局的前身国家航空咨询委员会（NACA）。20 世纪 50 年代，由于太空军备竞赛加剧，为了优化、重组航天资源，美国联邦政府将国家航空咨询委员会改组成美国国家航天局。美国国家航天局成立之初的职责是“进行飞行研究，进行地球与宇宙的研究，或其他目的”。“其他目的”多是军事目的，美国军方喜欢把美国国家航天局拉入他们的帮派，把它列为武器装备研究机构。追溯国家航空咨询委员会在二战期间的历史，同样是为战争服务，国家航空咨询委员会参与的飞机设计在战争中起到了关键作用。从国家航空咨询委员会的 X－1 到最近美国国家航天局的 X－51A，美国国家航天局一直在太空方面走在世界前列，美国国家航天局在成立之后便开始指导美国的太空计划，在其成立的前 20 年中，它执行并管理着下列主要太空计划：“水星”计划、“双子座”计划、“阿波罗”登

① 原载于 2020 年 9 月 28 日“我们的太空”知乎，有删改。

月计划、国际空间站、航天飞机等。

但两者也并非一直处于蜜月期。艾森豪威尔政府为解决“和平利用外空”的形象工程与大力加强军事太空发展政策的实质矛盾，设立美国国家航天局，逐步向其转移军事资源。

这让国防部内部产生了一种权益被侵犯的感觉。再加上美国空军的“蓝色双子座”（Blue Gemini）和“动态滑翔机”（Dyna - Soar）计划（美国空军的一项计划，旨在开发一种可用于各种军事任务的太空飞机）相继受挫。美国空军转而寻求在美国国家航天局主导的载人航天项目中发挥更大的作用——接管“双子座”计划，但遭到美国国家航天局的强烈反对。

由于两个机构在职责和活动领域存在重叠部分，它们在经费预算上相互竞争。美国空军参谋长对美国国家航天局持有敌对态度，美国国家航天局的官员也对国防部军事行动的动机持怀疑态度，因此一直防范国防部接管他们的太空项目。

美国空军中校马克·埃里克森（Mark Erickson）在所著的《一起进入未知》一书中展现了在艾森豪威尔、肯尼迪和约翰逊政府执政期间，美国国家航天局的创建和不断发展的美国国家航天局与国防部之间的关系。

双方希望此次签署的谅解备忘录在现有合作领域继续保持卓有成效的伙伴关系。NASA 局长布莱登斯坦和太空军作战部长雷蒙德将军强调说，虽然两个机构的任务设定不同，但存在共同的利益领域。

在新的谅解备忘录中列出了合作伙伴关系的 11 个领域①：

1. 深空测量和跟踪技术，以支持超出地球同步轨道的扩展的天

① NASA，USSF. US NASA and US Space Forces signed a memorandum of cooperation［EB/OL］，2020 - 09 - 21［2021 - 10 - 26］. https：//www. nasa. gov/sites/default/files/atoms/files/nasa_ussf_mou_21_sep_20. pdf.

域感知（SDA）和近地天体（NEO）探测；

2. 对自然物体进入地球大气层所产生的硫化物的检测和数据收集，以便及时向平民和科学界报告；

3. 能够进行安全、持续的近地和绕月运动的能力和做法，例如通信，导航，空间结构的维修、组装和制造；这些功能之间的互操作性，以支持该偏远地区功能的弹性；

4. 载人航天的搜索、营救和恢复行动；

5. 发射支援；

6. 空间后勤的供应和支援；

7. 乘坐共享和托管的有效载荷进入和绕地球轨道飞行；

8. 建立安全运行在空间中的标准和最佳做法，包括对接评估，空间态势感知共享，减轻轨道碎片和保护空间系统；

9. 面向地球轨道及其以外的可互操作的航天器通信网络；

10. 基础科学研究与技术开发合作；

11. 开发和分享由顶级航天专业人员和专业知识组成的人才库。

可见，太空部队—NASA 协议强调了超越地球轨道的合作，包括空间准则的建立和资源的探测。

“我认为这是美国历史上一个独特的时代，我们可以可持续地前往月球。我将告诉您，鉴于太空中存在的挑战，必须具有安全性。这就是为什么 NASA 与太空部队并肩作战如此重要的原因。”布莱登斯坦在活动上说。

雷蒙德同意应该“大力推动美国在所有领域的领导地位”，包括国家安全、民用和商业领域。“当所有这些部门都处于领先地位时，我们的国家将最强大。”

这份长达 5 页的谅解备忘录专门将两段内容用于行星防御和天域感知（SDA）合作，尤其是在开发和共享技术方面。未来，两个机构或许会立足于天域感知开展更为广阔的深空合作，比如资源开采和空间准则的建立，以发挥 NASA 在国际空间合作中的“外交软实力”。

“启用近地天体（NEO）检测和超越地球同步轨道的天域感知（SDA）所需的技术之间存在相当大的重叠。……虽然各缔约方的领域、任务和行动节奏仍然不同，但共享技术和观测数据的好处对两个社区都越来越感兴趣。”——NASA / USSF 谅解备忘录。

四、美军拟成立太空作战一体化中心（SWIC）①

2020 年 10 月 2 日，据美国太空军披露，美国将在五角大楼成立“太空作战一体化中心”（Space Warfighting Integration Center），戴维·汤普森（David. Thompson）上将出任首任太空军作战副部长并负责此事。汤普森晋升上将并担任新职务时，太空军作战部长雷蒙德给予了他这个紧迫的优先事项，汤普森说：“在五角大楼建立太空军的太空作战一体化中心是我接下来 90 天要重点关注的事情。”② 汤普森计划使太空作战一体化中心成为太空军作战部独立的直属作战机构或直接报告单位，将在 2022 财年得到立法支持。

太空作战一体化中心可能会为美太空军未来太空力量体系建设及概念开发提供支持，即通过发展太空指导战略、太空新理论和一体化作战概念，建设一个更加富有弹性和灵活性的太空作战部队，能够对太空作战提供理论支持和做出快速反应，以在充满对抗、冲突的太空环境中赢得作战，维持美国 21 世纪的太空优势。汤普森说：“我们已经将太空作战一体化中心视为太空军作战计划的设计和

① 原载于 2020 年 10 月 19 日“我们的太空”知乎，有删改。

② Nathan Strout. Space Force gets its first vice chief of space operations [EB/OL], 2020 - 10 - 07 [2021 - 10 - 26]. https: //www. c4isrnet. com/battlefield - tech/space/2020/10/06/space - force - gets - its - first - vice - chief - of - space - operations.

集成的关键特征，不仅在太空军，在其余部队中也是如此。我们现在需要做的，是努力确定它到底要做什么，到底需要什么资源，以及如何进行太空军和联合部队内部的连接。”

太空作战一体化中心将类似于空军作战一体化能力（Air Force Warfighting Integration Capability）组织和陆军未来司令部（Army Futures Command），要了解未来太空作战一体化中心能为美军提供什么能力支持，我们就需要了解什么是空军作战一体化能力组织和陆军未来司令部。

空军作战一体化能力组织（AFWIC）通过创新探索、新概念开发和跨核心职能的集群整合过程为未来部队设计作战计划和开发作战能力指南，以同步获取、规划和设计空军的战略计划。空军作战一体化能力组织研究空军多样化的作战组合，并推动解决集群作战的复杂问题。在国防战略指导下，空军作战一体化能力组织的努力和举措为联合部队打下基础，能够进行真正的多领域的作战。空军作战一体化能力组织是整合和设计未来空军发展蓝图的引领者。

空军作战一体化能力组织的任务是发展空军总体力量、多领域作战概念以实施国防战略，并通过集群作战设计和能力计划来推动整合。空军作战一体化能力组织确定了优先方法和手段，以指导资源分配的优先事项和改善空军在联合作战中的敏捷性、战备能力和杀伤力；通过为未来部队提供具有威胁的作战计划，以及开发新的联合作战方式，弥合了战略与规划之间的差距。

在组织上，空军作战一体化能力组织旨在改进概念和能力开发过程，并提高空军的杀伤力，特点包括：

多元化：将汇集运营商、支持人员、工程师和科学家等，并组成一个组织。

联合：将领导空军参与制定国家战略和开发新概念，从而确保空军进一步融入联合作战；还将为团队增加联合作战支持和合作伙伴。

敏捷：将促进创新，推动实验和创新设计，并确定快速能力发展的机会，以快速转变力量。

高效：通过集成领域和任务，将确保空军的计划更有效地运行。

陆军未来司令部（AFC）领导着陆军现代化的不断转型，为未来的作战人员提供主宰未来战场所需的概念、能力和组织结构；将整合未来作战环境、威胁和技术，以开发和满足未来部队需求，设计未来部队组织，提供物资能力。

战略上，陆军未来司令部必须创建并提供重点突出、优先的概念、组织设计和能力，以实现国防战略指导目标，并满足陆军高级领导指示，以应对中长期挑战。

主要特征：

（1）陆军现代化的引路人；将作战概念与需求联系起来，再进行部署。

（2）进行新作战概念定义，将工程和采购功能整合到一个团队中。

（3）小型敏捷并专注于部队作战的灵活性、协作和速度，关注更快的创新、试验和演示。

陆军未来司令部有三个下属组织：

（1）未来和概念将确定能力发展需求和机会并确定其优先级。

（2）战斗发展将针对已确定的需求和机会制定概念和解决方案。

（3）战斗系统将改进、设计和生产开发的解决方案。

美国于2019年12月正式在空军部之下成立新军种——太空军。太空军成立第二年将继续精简提供太空能力的多个组织，使其各种办公室和机构更加精干。从太空元年的海湾战争至今，太空力量的使用和实践相当年轻，与陆地、空中或海上力量相比，太空力量并无太多实战经验和理论支持。2021年，首任的太空军作战副部长汤普森将军将专注于在五角大楼在建立太空作战一体化中心，该机构的成立可能会为美国太空军提供更多的理论支持和未来太空作战计划的构想及提供太空任务支持，并将为美太空军建设未来的太空战略，调整高级政策，以满足部队的需求。

五、校级军官转隶——太空军再添新军[①]

美国太空部队太空作战司令部司令约翰·肖尔少将于2020年10月16日在加州范登堡空军基地举行的美国太空部队校级军官就职仪式上发表讲话。这一仪式是美国太空部队自成立以来的又一个里程碑式的事件，即正式将新就职的校级军官转入太空部队。自2020年9月1日起，许多从事于太空相关领域的空军人员开始转入美国太空部队。这是范登堡空军基地第一次正式举办的校级军官转隶仪式。从当时的新闻图片[②]展示出来的姓名牌可见，参加该仪式的新就职军官有中校约瑟夫·G. 克莱默、中校布莱恩·A. 迪安、少校杰弗里·R. 邦纳、少校克里斯塔·N. 圣罗曼等，这几位校官都在8月6日的国会提名名单内。

六、美国国防系统与多家商业公司签订合同，以加强太空信息获取能力[③]

美国太空部队中将、空间作战部副部长布拉德利·萨尔茨曼

① 原载于2020年10月21日“我们的太空”知乎，有删改。

② Brittany Murphy. VAFB welcomes FGO USSF inductees [EB/OL], 2020-10-16 [2021-10-29]. http://www.dvidshub.net/image/6393003/vafb-welcomes-fgo-ussf-inductees.

③ 原载于2020年10月26日“我们的太空”知乎，有删改。

2020 年 10 月 16 日在美国空军协会米切尔研究所举办的网络直播活动上表示：太空部队支持用数量众多的小卫星构成巨型近地轨道星座取代大型卫星，以弥补其在冗余和弹性方面的不足，并且这种架构将使对手难以找到明确的目标。

萨尔茨曼认为太空部队应专注于“如何保护我们的数据”，而不是专注于制造卫星，因此太空部队需要更多的利用商业部门提供的服务。比如在卫星通信方面，太空部队计划成为商业卫星通信领域的大客户，做到更多地利用商业部门的带宽，让数据在最好的保护之下通过网络进行传输。

美国防系统在 2020 年 10 月在太空领域与 4 家公司签订了采购合同。

（一）加拿大卫星运营商电信卫星公司（Telesat）和蓝色峡谷公司获得“黑杰克”① 项目合同

加拿大卫星运营商电信卫星公司（Telesat）2020 年 10 月 14 日宣布拿到美国国防高级研究项目局一项价值 1830 万美元的合同——为“黑杰克”项目生产两个卫星平台。第一个卫星平台“曼陀罗（Mandrake）1 号”为立方体结构，它将携带超级计算机处理芯片。“曼陀罗（Mandrake）2 号”是一对小型卫星，将构成宽带数据的光学卫星间链路，这两颗卫星未来可以构成近地轨道中光学网格计算机网络的基础，已在 2021 年交付。

该公司还拥有一份美国国防高级研究项目局提供的价值高达

---

① “黑杰克”项目由美国国防高级研究计划局提出，旨在为军方直接资助的民营商业航天企业提供多种卫星平台和发射能力，从而构建出具有超高性价比的、高度弹性化的军用低轨星座。该星座将成为尖端军事和科研领域中拥有可持续发展和超强生存能力的太空基础设施。此类卫星平台具有体积小、重量轻、功耗低的特点，可以批量生产，以适合来自许多不同提供商的不同总线的传感器，每个有效载荷的成本不到 200 万美元。

1.756 亿美元的合同，合同要求其制造 20 个卫星平台组网，完全融入 Telesat 公司正在建设的由 296 颗近地卫星组成的近地轨道卫星星座。如果该公司确定执行此合同，该卫星平台将在 2022 年开始投放市场。这 20 个通过光学星间链路连接的卫星平台，将为军方演示如何使用低轨网络进行通信、导弹跟踪和导航。

值得注意的是，蓝色峡谷技术公司也拿到了美国国防高级研究项目局的一份为军方演示而生产 4 个、最多达 20 个相同功能卫星平台的合同。

（二）SpaceX 公司向太空部队提供气象数据服务

SpaceX 公司在 2020 年 10 月 14 日与美国太空部队空间和导弹系统中心签订一份为期 6 个月、价值 200 万美元的合同。该合同旨在为美国军方提供更加有效的天气数据，此项目是太空部队电光/红外天气系统项目的一部分。

该项目还于 2020 年 6 月授予雷神技术公司、通用原子公司电磁系统公司、大气与空间技术研究协会共 3.09 亿美元的合同，以开发气象卫星平台和有效载荷。电光/红外天气系统计划的目标仍然是提高弹性和加快数据更新能力，增强全球陆地天气预报能力。建设一个不断扩充的低轨星座，旨在获取云层特征和战区天气图像，这些目标都可以通过商业合作加以实现。SpaceX 与军方签订的此次合同是气象数据纳入信息系统架构的一次尝试。

（三）轨道伙伴公司（Orbital Sidekick）获得美国空军 1600 万美元的合同

美国空军于 2020 年 10 月 15 日宣布了一项与轨道伙伴公司价值

1600 万美元的合同。轨道伙伴公司所获得的政府资金来自美国空军商业投资集团的战略融资计划，并得到了美国空军研究实验室的支持。

轨道伙伴公司正在加速建设一个由 6 颗高光谱成像卫星组成的卫星星座，目标是为能源公司和政府客户提供“全球持续监控”。公司首席执行官兼联合创始人丹尼尔·卡茨说：“我们建造、发射和运行这些卫星的速度越快，就能越早为情报系统提供高光谱数据。”值得注意的是，轨道伙伴公司表示不打算出售高光谱数据。相反，该公司计划“收集大量的高光谱数据，并在内部进行分析，以提取有意义和可操作的信息，然后将这些信息提供给客户使用”。①

七、美国太空军成立第一个直属司令部②

2020 年 10 月 21 日，美国组建太空军第一个直属司令部——太空作战司令部。太空作战司令部是美国太空军三个直属司令部的第一个直属司令部，斯蒂芬·惠廷（Stephen Whiting）中将担任太空作战司令部新的司令官，他在彼得森空军基地举行的典礼上首次接受了太空“德尔塔部队”和“卫戍部队”司令以及高级顾问的敬礼。

太空作战司令部由前第 14 航空队司令部和空军太空司令部组成。在太空作战司令部的支持下，位于加利福尼亚州范登堡空军基地的名为“太空作战司令部”的空军单位被重新命名为“西部太空作战司令部”（Spoc West）。太空作战司令部至少有 27 名成员，它

① CF Acquisition Corp. Satellogic – Investor Webcast Transcript［EB/OL］，2021 – 07 – 05［2021 – 10 – 26］. https：//www. sec. gov/Archives/edgar/data/1828049/000121390021035831/ea143746 – 425_cfacquisition5. htm.

② 原载于 2020 年 10 月 31 日“我们的太空”知乎，有删改。

保留、整合和评估全球太空作战的相关资料以交付与战斗相关的太空作战任务，太空作战司令部负责为前线作战指挥官、同盟伙伴、联合部队和国家提供执行太空作战任务支持。

“作为美国太空司令部的负责人，您有责任带领发展太空作战力量，加速发展制止和赢得现代冲突所必需的太空力量，为未来进入太空的战争做足准备。”太空军作战部长雷蒙德（Raymond）说：“我坚信太空战争的发展将以高速度和远距离进行，我们必须快速灵活，专注于我们的主要任务，以应对未来新的冲突。”① 雷蒙德和惠廷都谈到了这个新组织的重要性，以及它在天域感知、卫星通信、导航授时、军事情报监视和侦察、导弹预警、作战指挥与控制等方面的作用。惠廷说：“我们的结构明确，太空作战司令部将包括情报、网络、太空作战和作战任务支持部门，为太空作战提供力量支持。”

仪式结束后揭示了太空作战司令部徽章，大的三角形继承了空军太空司令部的徽章，受美国太空军徽章元素的灵感启发，也代表美国太空军和先进太空系统的太空作战司令部成员。三个小的三角形和后面的火箭轨道相结合构成了三支箭，分别代表了三支作战力量——太空“德尔塔部队”、“卫戍部队”和西部太空作战司令部，它们都是美国太空军的尖刀，同时它们也代表了太空作战司令部在作战、情报和网络方面的核心竞争力。徽章的背景是由多个五角星组成的星座，小三角形经过的星域是猎户座，猎户座代表着著名的希腊猎人，表示太空作战司令部永远是捕食者，而不是猎物。组成星座的星星，也向美国过去的杰出人物和军事太空的领袖致敬，他们为太空作战司令部奠定了基础。最后，徽章使用了太空作战司令

① Stephen Kuper. US Space Force activates first field command [EB/OL], 2020 - 10 - 26 [2021 - 10 - 26]. https://www.spaceconnectonline.com.au/operations/4589 - us - space - force - activates - first - field - command.

部的独特颜色——铂金，与美国太空军徽章上使用的铂金颜色相匹配，铂金代表了太空作战司令部的专业人员使命的崇高性。

八、美国太空军成立太空系统司令部

美国西部时间2021年8月13日上午10：00（北京时间2021年8月14日凌晨1：00），美国太空军下辖三大司令部之一的太空系统司令部（Space Systems Command，SSC）正式成立，其前身是太空军下属的太空与导弹系统中心（Space and Missile Systems Center，SMC）。

太空系统司令部是继太空作战司令部成立后，美太空军成立的第二个实体司令部，主要负责开发、采购和部署太空能力，包括发射、研究测试和在轨实验等活动，以及监督太空军的科学和技术活动。

太空系统司令部的成立将有利于美国太空军进一步整合现有的太空项目，从而可以将现有分散的太空项目和能力进行统管，进一步提升太空对美联合作战能力的支持。另外，太空系统司令部还将负责太空采购，并对其进行改革，未来可通过采购商业太空服务的形式，拓展美军事太空力量体系的范围，在提升美国太空作战能力的同时，也将加大对手攻击美太空系统的代价，大大提升美国太空军事威慑能力。

太空系统司令部将接管加利福尼亚州范登堡太空部队基地的Space Launch Delta 30和佛罗里达州帕特里克太空部队基地的Space Launch Delta 45。

对于负责发射的范登堡空军基地第30太空军联队和佛罗里达州帕特里克空军基地第45太空军联队目前尚未重组，但最终也将按照

“德尔塔部队”和“卫戍部队”结构进行调整，这由两个太空军联队重组的“德尔塔部队”将隶属太空系统司令部，负责全美最大的东西航天发射场的运营，并监督军事、民用和商业航天发射。美军官员认为，将发射部队归入太空系统司令部非常重要，这是因为太空系统司令部太空与导弹系统中心负责从商业公司采购发射服务。

（一）太空系统司令部的发展历程

太空系统司令部（Space Systems Command，SSC）由太空与导弹系统中心（Space and Missile Systems Center，SMC）发展而来，太空与导弹系统中心的相关情况如下：

1. 太空与导弹系统中心历史

太空与导弹系统中心于 1954 年 7 月开始作为空军研究和发展司令部（ARDC）的西部开发部（WDD），由当时的 Bernard A. Schriever 准将领导开发“阿特拉斯”（Atlas）洲际弹道导弹。1955 年 10 月，ARDC 开始研发第一个军用卫星系统。之后，太空与导弹系统中心在开发、生产和部署导弹和运载火箭以及日益强大的导航、监视、通信、气象等能力方面发挥了重要作用。

太空与导弹系统中心位于加州洛杉矶空军基地，负责美国空军的军事航天系统采购。2019 年 12 月 20 日，随着太空军的正式成立，太空与导弹系统中心由空军转隶到太空军。

2. 太空与导弹系统中心现状

太空与导弹系统中心位于洛杉矶空军基地总部，是美国太空军采购和开发军事航天系统的重要部门，负责美国国防部 85% 的太空预算，为美国太空军、联合部队、情报部门和合作伙伴等提供重要的国家安全太空能力支撑，还为美国和盟友提供保护太空利益的技术。太空与导弹系统中心在全球共有6300名军人、文职人员和雇佣人员，每年全员工资总额为6.35亿美元，对当地经济的影响为18亿美元。

太空与导弹系统中心的愿景是：组建一个提供创新的、赢得战争能力的敏捷团队。

太空与导弹系统中心的任务是：为国家提供有弹性、负担得起和可持续的太空能力。

3. 太空与导弹系统中心主要职能

（1）定位、导航和授时

为美国作战人员、美国盟友和民用用户提供可靠的GPS能力。

（2）发射

在国家需要的任何时间和地点进行发射。

（3）跨区域任务和通信

维护发射和测试靶场系统（LTRS）和空军卫星控制网络（AFSCN），并进行现代化改造。确保为作战人员提供准确和可靠的指挥、控制遥测和跟踪服务，并为军用、民用和商用航天提供关键的太空发射能力。

（4）卫星通信

计划、获取和维持支持全球太空通信能力，以支持国家目标。

（5）创新和原型开发

通过协作创新、开发规划和演示，推动未来的太空能力。

（6）导弹预警和环境监测

为作战人员和国家提供全球持续的红外监视和环境监测能力。

（7）特殊项目

研究、使用和维护领先的太空控制能力，并确保国家优势。

4. 主要职能架构

此次成立的太空系统司令部将是美国太空军下辖的三大司令部之一。太空系统司令部负责为作战人员开发、采购和部署致命的和弹性的太空能力。此外，太空系统司令部还将负责发射、研究测试和在轨实验，负责维持和维护美国太空军的太空系统，以及监督太空军的科学和技术活动。

太空系统司令部的采购和研究机构将包括太空与导弹系统中心、商业卫星通信办公室，以及从国防部其他组织转移到太空军的太空系统项目办公室。

此外值得注意的是，太空快速能力办公室（Space Rapid Capabilities Office）和太空发展局（Space Development Agency）此次并没有划归到新成立的太空系统司令部，这两个部门预计将于2022年转入太空军，并成为太空军的直属机构。

5. 首任司令情况

太空与导弹系统中心的首任司令是前国家侦察办公室副主任迈克尔・盖特林（Michael Anthony Guetlein）。盖特林生于1967年11月22日，担任太空系统司令部首任司令之后，将由少将军衔晋升为中将。

盖特林在国家侦察办公室工作期间，负责设计、研究和管理美国情报卫星星座。在30年的军旅生涯中，他在国家安全太空领域担任过多个职务，包括天基红外系统地面部分副项目经理、导弹预警系统主任和天基红外系统生产部高级负责人。2014—2017年，在担任太空和导弹系统中心遥感系统项目主任期间，迈克尔・盖特林负责天基导弹预警和环境监测系统中的太空系统部分，该部分项目经费为480亿美元。

九、美国太空军成立太空训练与战备司令部

（一）太空训练与战备司令部简介

2021 年 8 月 23 日，在美国科罗拉多州彼得森太空部队基地（AFNS），美国太空军的第三个战地司令部：太空训练与战备司令部正式成立。

太空训练与战备司令部负责条令制定，军职和文职人员的训练和职业教育，以及协调基础训练和征兵工作；由国民警卫局的肖恩·布拉顿（Shawn Bratton）准将领导。它将分为 5 个“德尔塔部队”，分别负责：训练、条令和兵棋推演、靶场与对抗、试验鉴定、教育。

（二）组织结构

空军部长弗兰克·肯德尔于 2021 年 8 月 13 日批准了太空训练与战备司令部成立的最终组织结构，美国太空部队太空作战部长约翰·雷蒙德将军（John W. Raymond）宣布了建制命令。

太空训练与战备司令部的司令由原国民警卫队的肖恩·布拉顿（Shawn N. Bratton）将军担任。托德摩尔上校将担任副司令。詹姆斯·塞巴勒斯上士任军士长，并负责征兵工作。

培养合格的作战人员是太空训练与战备司令部的核心使命。它负责通过创新的教育、培训、理论和测试让战士在竞争和冲突中获胜。它将有意识地建立一种从入伍—培养—离职或退休全过程的监护体系，并在其中的每一个职业里程碑上，为作战人员提供现实可

行的训练、成长和考核的环境。

太空训练与战备司令部将通过创新的作战能力和战术让每个作战人员准备好在战争中获胜，使美国太空军领先于任何新出现的威胁。

（三）太空训练与战备司令部的目标

建立美国太空军训练体系；发展以太空作战领域为重点的教育培训机构；发展太空作战理论和战术；建设考核和试验靶场等基础设施；发展和加强太空军文化。

它将通过其 5 个下属“德尔塔部队”实现这些目标，这些“德尔塔部队”将围绕特定功能组织，例如测试、条令、训练等来开展工作。

随着太空训练与战备司令部的成立，也更加关注建立必要的太空监测机构来提供强大而可靠的太空能力，并使太空军能够做好应对未来威胁的准备。

美国太空军正在通过实施全服务集成测试理念，来融合采购和运营领域之间的空白点，以实现快速部署、弹性的太空作战能力。在太空训练与战备司令部的支持下，美国太空军总部的太空作战能力将会逐日提高。在太空训练与战备司令部内，太空部队将培养人才、测试基础设施和考核文化，这将有助于确保美国在太空领域的利益。

太空训练与战备司令部 5 个下属“德尔塔部队”也同时正式成立。德尔塔由专注于特定战术的中队组成。

太空训练与战备司令部的 5 个“德尔塔部队”及其相关功能是：

第一太空德尔塔支队——培训：提供初始技能培训、专业作战人员后续培训以及高级培训活动和课程，以使美国太空军部队和指定的联合和盟国伙伴做好准备，以在竞争激烈、减员、行动受限的全域环境作战情况下取得胜利。

第十太空德尔塔支队——条令与实战模拟：制定美国太空军的条令和战术，开展美国太空军的经验/教训/计划，并执行和支持桌面作战推演，以便对美国太空军部队以及指定的联合和盟军伙伴进行部署，以在全域环境数据战略决策（CDO）中取胜。

第十一太空德尔塔支队——模拟敌对力量：通过提供实时、虚拟和建设性的范围和作战复制能力，提供现实的、威胁情报的实战和训练环境，以便让美国太空军、联合和盟军准备在全域环境数据战略决策中取胜。

第十二太空德尔塔支队——测试考核和评估：通过对美国太空军能力的独立测试和评估以及提供及时、准确和专业的信息以支持武器系统采购，为美国太空军部队在竞争、减员和行动受限的环境中取胜做好准备，实施考核和改进决策。

第十三太空德尔塔支队——教育：建立机构进行教育，培养美国太空部队军官的加入并执行高级教育计划，以便让美国太空军部队和指定的联合和盟军伙伴做好准备，以在全域环境数据战略决策中取胜。

太空训练与战备司令部总部和每个“德尔塔部队”（第一太空德尔塔支队除外）的位置将根据空军部的战略基地选定程序和空军部长的批准确定。第一太空德尔塔支队将位于加利福尼亚州范登堡太空部队基地。

十、美国部分陆军部队和海军部队并入太空军

此次，将移交陆军的 11 个机关和海军的 4 个机关。这些单位雇

用 319 名军队人员和 259 名文职人员。陆军和海军服役人员可以自愿加入太空军。将这些单位和职能移交给太空军，可以加强卫星通信任务领域的工作团结和任务效率。

从陆军过渡过来的两个单位目前是陆军卫星作战旅的一部分：第 53 信号营和卫星通信理事会。第 53 信号营是美军唯一控制宽带全球卫星通信和 DSCS 通信星座有效载荷的部队。海军正在移交的是操作移动用户目标系统（MUOS）和超高频后续（UFO）卫星的单位。

陆军部队转入太空军的有：

· 彼得森太空军基地第 53 信号营总部，科罗拉多州

· 德特里克堡第 53 信号营 A 支队，马里兰州

· 米德堡第 53 信号营 B 支队，马里兰州

· 第 53 信号营 C 支队，兰施图尔，德国

· Wahiawa 第 53 信号营 D 支队，夏威夷

· 巴克纳堡第 53 信号营 E 支队，日本

· 联合卫星通信保障专家办公室，彼得森太空军基地，科罗拉多州

· 麦克迪尔空军基地东部地区卫星通信保障中心，佛罗里达州

· 彼得森太空军基地西部区域卫星通信保障中心，科罗拉多州

· 欧洲区域卫星通信保障中心，斯图加特，德国

· 太平洋区域卫星通信保障中心，惠勒陆军机场，夏威夷

海军部队转入太空军的有：

· 海军卫星操作中心（NAVSOC），穆古角（Point Mugu），加利福尼亚州

· 美国海军特种部队 A 分队，缅因州展望港

· 特种部队 C 分队，费尼加扬，关岛

· 施里弗太空军基地海军特种部队 D 分队，科罗拉多州

十一、美国欲拉拢盟友打造“太空北约”[①]

在美国太空军成立一周年之际，美国于2020年12月发布新版《国家太空政策》，勾勒了美国在太空领域的发展规划以及相关具体措施。这份文件与此前不久举行的“施里弗2020”太空战演习[②]，都极力渲染所谓“太空威胁”，企图拉拢盟友打造“太空北约”，暴露了其通过争夺制天权维护自身霸权的野心。

聚焦中俄，备战太空。本次“施里弗2020”演习是美国太空军成立后首次主导该演习，妄称“要重视源于俄罗斯与中国的太空威胁”，反映出美国“聚焦中俄、强化天战”的冷战思维与霸权理念，也与特朗普政府奉行的“美国优先”一脉相承。美国《国家安全战略报告》叫嚣，中国和俄罗斯为美国及其盟友主导的“国际秩序”的修正者和挑战者。美国《国防战略报告》也认为，与中国和俄罗斯的长期战略竞争是美国防部的首要优先事项。美国《国家太空政策》继续奉行“美国第一”理念，鼓吹太空扩军论调。不难看出，巩固和提升在太空领域的竞争优势，是美国战略调整的重要指向。

拉帮结派，威慑他国。除了“五眼联盟”国家参加此次“施里弗2020”太空演习外，德国、法国与日本也被纳入其中。更值得关注的是，此次演习是50多年来，美国首次直接将高度机密的信息与盟国共享，打破了此前只有得到特别许可才能与盟国共享

---

① 原载于2021年1月7日《解放军报》，有删改。

② Tyler Whiting. Schriever Wargame: Critical Space Event Concludes. [EB/OL], 2020-11-16 [2021-10-29]. http://csmng.com/2020/11/16/schriever-wargame-critical-space-event-concludes.

信息的惯例。这反映出美军“加大联盟力度、欲打高端战争”的理念，企图“应用尽用”，借力提升太空战场感知能力与体系架构抗损性，扩大太空主导权。近年来，美国将战略重心转为大国竞争，明确将作战重点转向高端竞争对手。美国《国家太空战略》提出，通过与私营部门和盟友伙伴密切合作，确立美国的太空领导地位。美国政府日前发布的《国家太空政策》多次提及盟国和盟国利益，诱拉盟友意味十分明显。美国太空军作战部长雷蒙德也表示，随着太空成为一个全面战争领域，与盟友的密切合作将为美国提供巨大优势。

重视演习，引领发展。新冠肺炎疫情肆虐，本次演习却如期举行，表明美国应对“太空对抗加剧、作战效果降低、军事行动受限”新环境，加强威胁研判的迫切需求。演习重点围绕“如何通过协调与整合战略信息相互传输以获得并保持作战和战略优势”进行探讨，使用“战地信息利用与收集系统”，采用虚拟形式对探讨建议进行验证，为制定加强联合太空能力路线图提供支撑。

此外，旨在加强美国与盟友之间联合太空态势感知能力的“全球哨兵”军演与深入探索太空作战理论、作战概念与作战技术的“太空旗帜”演习也是美军的投入重点。目前，这一系列演习已在引领美军太空理念概念孵化、指挥控制优化、能力建设与联合运用强化等方面发挥重要作用。

可以预见，美国将会继续渲染所谓“太空威胁”，通过举行“施里弗”演习等活动，加紧形成“太空北约”，主导制定太空国际准则，为其“主宰太空”霸权目标提供支撑。对此，国际社会应给予高度警惕。

系架构弹性与抗损性，提升其太空整体领导权，主导于美国有利的太空国际规则与议题设置，增加对手与之抗衡的成本。同时，这也会倒逼一些盟友对其更加依附。近日，日本新版《防卫白皮书》[①]以及《空间政策基本计划纲要》[②]，强调加快与美国合作以提升太空态势感知等能力；此外，美日正在就高超声速武器防御合作问题进行磋商。澳大利亚也宣布将投巨资升级改造美澳联合运行的太空监视望远镜，为美、澳及其主要盟国提供太空态势感知情报。

这看似是与所谓的盟友和伙伴共享安全，实际上反映的是“美国优先”的霸权思维。一旦美国发现不利于自己的事情，“友谊的小船”或许会说翻就翻。尽管其盟友追随美国组建太空联盟是为了“各取所需”，但在可能爆发的太空冲突中，或将沦为“挡箭牌”“马前卒”。

总之，美国加快扩大太空军事化“朋友圈”，不但会引起新一轮太空军备竞赛，也会使太空安全面临的不确定性不稳定性增大。例如，早在2019年7月份法国计划成立太空军事指挥部时[③]，法国媒体即认为，这是对美国加紧组建太空部队可能引发新一轮太空军备竞赛的回应。

太空是全人类的共同财富，探索浩瀚宇宙是全人类的共同梦想。确保太空和平利用，符合各国共同利益，也是各国共同责任。国际社会应倡导太空命运共同体理念，坚持共商共建共享，主动塑造太空领域良性竞争与和平合作新态势，共同维护太空安全。

---

① Ministry of Defense. New Japanese Defense White Paper [EB/OL]. 2020-07-23 [2021-10-29]. https://www.mod.go.jp/en/publ/w_paper/wp2020/pdf/index.html.

② National Space Policy Secretariat, Cabinet Office. Outline of the Basic Plan on Space Policy (Provisional Translation) [EB/OL], 2020-06-30 [2021-10-29]. https://www8.cao.go.jp/space/english/basicplan/2020/abstract_0701.pdf.

③ Victor Mallet. France follows US to set up military space command [EB/OL], 2019-07-14 [2021-10-29]. https://www.ft.com/content/a479bcb6-a628-11e9-984c-fac8325aaa04.

中篇　美国太空军：新体系、新视角、新动作

第四章　回溯历史，解惑当下

一、美国空军太空职责的确立[①]

2018年12月18日，美国副总统彭斯在肯尼迪航天中心宣布，特朗普总统已下令军方建立新的太空司令部，成为美军第11个联合作战司令部，统一指挥美军所有太空作战力量，加快推动发展太空作战理论、战术、技术与程序。彭斯同时还透露，特朗普将在近期签署一项新的总统令，明确美国太空军独立的总体安排与时间表。综合各方面情况研判，下一步美国太空军独立最可能的方案是参照海军陆战队模式，太空军整体留在空军部，但拥有独立部队架构。

在太空军组建之前，美国的大部分太空力量一直归属空军管理。那么美国对空军太空职责的确立是从何时开始的，又经历了怎样的发展？为了回答这个问题，我们还要追溯到20世纪50—60年代艾森豪威尔政府和肯尼迪政府执政的时代。

（一）艾森豪威尔时期外层空间政策：陆海空三军掀起太空项目争夺战

艾森豪威尔执政期间，由于技术发展恰逢其时，美国陆海空三

① 原载于2019年1月5日“一言航天”公众号，有删改。

个军种几乎同时对外层空间技术产生了兴趣，并都认为外层空间开发应当是本部门职责的组成部分。不同的是，海军和陆军只是认为自己应当拥有外层空间的开发权利，而空军却认为外层空间是大气空间的自然延伸，因此，外层空间应当是空军专属的职责范围。早在 1948 年，空军副参谋长范登堡将军就曾做出关于外层空间政策声明："美国空军，作为主要负责空中武器特别是战略武器的军种，对卫星负有逻辑上的责任。"为了证明空军在管理外层空间问题上的合法性，空军发明了"航空宇宙"（Aerospace）一词，并界定为："航空宇宙是地球表面之上组成全部领域的在操作上不可分割的媒介。空军力量构成一个操作系统的家族——大气系统、弹道导弹和外层空间运载体系。这些是国家航空宇宙的基本力量。"①

空军确立的侦察卫星计划远早于美国的第一颗科学卫星计划（"先锋"计划），可以说是美国的第一颗卫星计划，但陆军在冯·布劳恩的带领下，外层空间技术能力一度领先，并一直在反弹道导弹的研发领域保持优势，而海军则获得了"探险者"项目的发展权，在早期外层空间开发问题上，三军基本平分秋色。1957 年苏联"卫星一号"上天后，三个军种更是加大了军事空间项目发展的力度，陆军不仅提出两颗科学卫星计划，而且提出了军事侦察卫星计划，与空军的"武器系统 117L 项目"（WS - 117L）发生直接冲突，以致于空军在 1958 年的一份机密备忘录中抱怨说，"最终对 117L 项目构成威胁的将不是俄国人，而是其他军种"。为了解决三军间的外层空间项目争夺战，减少项目重复，1958 年 2 月，国防部长麦克尔罗伊宣布成立"高级研究计划署"（ARPA），并将三军的外层空间项目都移交给它，由其统一管理。从 1958 年 2 月 7 日到 10 月 1 日之

---

① Erickson M. Into the Unknown Together. The DOD, NASA, and Early Spaceflight [M] Alabama: Air University Press, 2005.

间，ARPA 履行着“国家”外层空间机构的完全职责，此时 NASA 尚在筹建的过程中。10 月 1 日，国家宇航局正式运行后，ARPA 将外层空间项目的基础研究部分交给了 NASA。然而，在国防部内部，由于高级研究计划署大权独揽，美国三个军种都出现消极情绪，而且对军事空间发展状况严重不满。实际上，高级研究计划署只是控制了所有军事空间项目的资金，外层空间项目的发展还要依靠单个军种的人员和经验。这种做法虽然解决了军事空间项目的重复问题，却引发效率和积极性问题，并且使军种间对外层空间项目的争夺战愈演愈烈。1959 年 4 月，高级研究计划署指示各军种提出本军种对于军事空间项目的需要，陆海空三军都列出大量的外层空间需求，其目的无非是要“通过公布需求”，从而“在这领域标明所有权”。

1959 年 9 月，麦克尔罗伊改变了其已经建立起来的关于 ARPA 的政策，将军事空间项目在三个军种间重新分配了。用于导弹防御的先进研究仍由高级研究计划署负责，但推进器发展归空军，外层空间载重的发展“基于其能力和主要利益”被分派给陆海空三军。在此安排下，“米达斯”导弹防御预警系统计划和“萨摩斯”卫星和导弹侦察系统计划被分派给空军，“子午仪”导航计划被分派给海军，“诺特斯”的一个子项目，4 个通信卫星计划被分派给陆军。虽然根本问题仍然没有得到解决，但艾森豪威尔政府的军事空间项目之争却就此被搁置起来。

（二）肯尼迪时期外层空间政策：空军太空职责确立

1961 年 1 月 20 日，约翰·肯尼迪就任总统。肯尼迪政府的外层空间政策基本继承了艾森豪威尔时期制定的外层空间政策总的基本原则，即“和平利用”外层空间、采用军用和民用双轨制来开发外层空间和反对在外层空间进行部署战略进攻性武器。由于肯尼迪时期太空探索的迅速发展，扭转了美国在外层空间领域落后于苏联的态势，美国在太空领域的信心大增。正是在肯尼迪时期确立了空军对外层空间任务新的职责，美国空军在太空中的地位不断上升，成为美国维护其全球战略中的“新边疆”——外层空间中一支重要的力量。

肯尼迪政府上台后，负责太空事务的威斯纳特别委员会提供了一份关于美国国家太空形势分析和建议的报告。报告指出，NASA和陆、海、空军在太空研究和发展领域的竞争造成严重的重复和浪费。国防部长麦克纳马拉指示其参谋重新考察国防部的责任。该研究于 1961 年 2 月完成，并导致国防部重新确定了一个集中外层空间体系发展的指令——国防部指令 5160.32（DD No. 5160.32）。3 月 6 日，麦克纳马拉宣布决定“除非在极特殊的情况下，否则外层空间发展项目和计划的任务将由空军执行”。根据指令，“得到批准的国防空间发展项目或计划的研究、发展、试验和工程制造应当是空军的责任”，其他军事部门和国防部机构则“基于完成其给定功能的目的，进行使用外层空间技术的新途径的基本研究与发展”，并且这种研究的范围应当由国防研究与工程局对照花费限制和其他条件来制定。这样，到 1961 年中期，美国空军已经承担了军事空间项目 90%以上的责任，陆军和海军则被迫减少了对外层空间的投入，甚至一些从前属于海军和陆军的外层空间项目也被移交给了空军。

1958 年的《国家宇航法》① 规定了国家宇航局负责“非军事”性质的太空任务，国防部则负责太空中的与军事相关的任务。因此为了不造成两个机构行动的交迭、重复或引起不必要的花费，国防部于 1961 年制订了军事利用太空计划的两条基本原则：第一，军事

---

① The National Aeronautics and Space Administration. National Aeronautics and Space Act of 1958, As Amended. [EB/OL], 2008-08-25 [2021-10-27]. https://www.history.nasa.gov/spaceact-legishistory.pdf.

太空计划必须与国家宇航局（NASA）的计划在所有重大领域相吻合。以至于国防部和 NASA 的计划组成完整的国家计划。第二，由国防部支持的计划必须许诺尽可能地增加美国军事力量和效力。

正是因为国防部制定了这些基本原则，所以国防部和国家宇航局建立了很好的合作关系。许多重要的决定，例如，由国防部执行的支持国家宇航局在卡纳维拉尔角和太平洋导弹试验场的国家发射工具计划和国家发射中心协议，都是由国防部长麦克纳马拉和国家宇航局局长韦伯做出决定。在这些国防部支持的国家宇航局的计划中很多是由空军负责的，如卡纳维拉尔角和太平洋导弹试验场都是空军所属的部门。因此，空军系统司令部司令官伯纳德·施里弗指出太空机构将日益有助于增强国家安全。在和国家宇航局的官员谈话时，施里弗认为空军系统司令部和国家宇航局之间建立友好合作关系的时间已经到了。

为了确保军事与民用太空计划更紧密地吻合，1962 年 2 月 24 日，国防部长麦克纳马拉发布了一个政策指令。这个政策指令宣布：国家利益要求国防部在某种程度上与国家的首要任务相一致，并以设施和组织的形式对国家宇航局提供可靠的资源，目的是为了有效地执行国家的整个资源以获得共同的民用和军用太空目标的成就。除了对国防部长所做的特别安排外，这个指令指派空军部长负责“卫星、助推器、太空探测器和相关系统的研究、发展、试验和工程，这些卫星、助推器、太空探测器和相关的系统都是支持在国家宇航局和国防部之间的基本协议下产生的国家宇航局的特别工程和计划所必需的”。[①]

尽管国防部继续对太空研究和发展进行紧密地审查，但是 1962

① Spires D N. Beyond Horizons: A Half Century of Air Force Space Leadership. Revised Edition [M]. Alabama: Air University Press, 1998.

年2月24日的麦克纳马拉指令证实了这样一个趋势，即防御太空行动正集中在空军和其下属的空军系统司令部下发展。1962年6月11日，国防部取消了陆军的“降临节计划”并且安排空军负责防御卫星通信设施的发展、生产和发射。1970年9月1日，国防部在修正的国防部第5160.22号指令中进一步确立了空军在外层空间的职责：空军将负责发展、生产和部署航天系统，以便针对敌方核能力及所有发射工具（包括发射和轨道支援活动）提供预警和实施监视。

至此，空军成为肯尼迪时期负责太空军事任务的主要军种，并在国防部内三个军种间的竞争中逐渐胜出，成为在太空领域遏制苏联、保卫美国国家安全和实施美国全球战略的一支重要力量。

空军尽管与国家宇航局建立了密切的合作关系，但在与国家宇航局争夺外层空间发展资源的过程中仍然处于劣势。美国既要维护本国“和平”利用太空的形象，又不能放松军事太空政策。因此美国空军极力要求的“太空军事化”主张难免与肯尼迪政府的外层空间政策不相协调，导致美国空军与政府在太空军事利用问题上存在矛盾。空军的太空领域相关任务就在这种矛盾中生存发展，一直到今天。

二、从近年《空天力量》杂志看美国航天力量发展①

美国空军大学《空天力量杂志》的英文名称是*Air & Space Power Journal*（ASPJ），由美国空军大学出版社（Air University Press）出版。ASPJ是美国空军的专业学术杂志，以开拓思维，促进专业交流为主旨，面向美国空军和世界各地有英语阅读能力的军事学者。在

① 原载于2019年8月27日“一言航天”公众号，有删改。

众多文献资料中选取《空天力量杂志》作为研究对象，对于我们分析美军航天力量发展趋势有一定帮助。

近些年来，世界各国竞相开发太空领域，太空竞争愈发激烈。在此我们分析了自 2007 年以来 10 余年杂志的全部内容，从中发现以下几个特点和趋势：

（一）涉及航天的文章篇数增多、篇幅增长

从整体上看，该杂志与航天相关的篇目逐步增多，由 2008 年的一年 3 篇到 2014 年的一年 6 篇，尤其到 2016 年发表篇目最多，达到 9 篇。究其原因，笔者认为这与 2016 年的世界航天发展情况有关。美国方面，美国继续以火星探测为核心推进载人航天发展与深空探索技术体系建设，加快重型运载火箭研制，重视创新型技术研究，商业航天技术能力进一步提升，加快民商航天领域的发展。SpaceX 之类的私营企业继续推进研发它们新的运载火箭（“猎鹰”九号）和载人飞船（“龙”飞船）。而 2016 年对中国航天来说也是不平凡的一年。2016 年是中国航天事业创建 60 周年，也是中国载人航天工程发展进程中浓墨重彩的一年。2016 年，中国分别在 6 月和 11 月首飞“长征七号”和“长征五号”两款新型运载火箭。“长征七号”火箭用于发射货运飞船“天舟一号”，还作为中国新一代中型运载火箭的基本型号，衍生出一系列运载火箭构型，到 2021 年火箭各项技术趋于成熟稳定时，将逐步替代现有的“长征二号”“长征三号”“长征四号”系列，承担中国 80% 左右的发射任务。11 月，中国目前推力最大的运载火箭——“长征五号”火箭首飞，其低轨道运力 25 吨，同步转移轨道运力 14 吨，比原有“长征”系列火箭提高了 2 倍以上，习惯上称之为“大火箭”。而且中国新一代空间实验室“天宫二号”也发射升空，标志着空间实验室阶段载人飞行任务全面

告捷，取得了具有重要意义的成果。各国在太空领域的蓬勃发展势必会引起更大的关注。

2016 年该杂志的太空相关篇目：

《固防太空高边疆》
《军队培养太空战士，民间承担卫星运作》
《规划太空人员救援的时机已到》
《利用商业望远镜加强对地球同步轨道的太空态势感知》
《目的明确地建设一支“为太空 ISR”专业作战队伍》
《太空政策教学的背景、限制、内容及方法》
《空军能否在地球防卫和小行星资源开发中有所作为?》
《空天强则国强》
《立方体卫星为加强空军太空态势感知展示新前景》

（二）作者多元化

2009 年之前刊稿作者的军衔主要为中校以上军官，如 2007 年《重新认识气球的军事价值？——试析近太空概念》的作者为埃德·汤墨（美国空军中校）、西格弗雷德·达尔（美国空军上校）。到 2011 年逐渐有上尉和少校军官在杂志上发表文章，甚至有中士等军士发表文章，如《地面哨兵和空中明眼》的作者为马修·贝慈（美国空军中士），呈现出军衔初级化的趋势。这也不难看出美军中关注太空领域的人越来越多，太空领域的重要价值得到更广泛的认可和重视。青年军官对太空领域越来越关注，反映出美军越来越重视太空领域的军事斗争准备，将会加强有关太空斗争的军事训练，提高太空打击能力。当这一批青年军官成长起来后，美军利用、控制太空的野心会进一步增大，相关的军事思想、军事理论、战略战术战法会有更大的进步。

另外，文章的作者也不乏民间组织成员，如 2008 年《以太空力量主导太空战略—方枘圆凿不相宜》的作者为约翰 · J. 克莱、2015 年《制定全球太空控制战略之我见》的作者为 B. T. 赛苏尔博士，他们分别是美国海军中校和美国国家空天情报中心反卫星威胁首席情报分析员。[①] 这说明太空领域引起了美国的多方关注，民间力量区别与军方的独特视角对美国认识、利用太空也将产生重要影响。

同时，作者的职业趋向专业化，原来的作者大多都是空军长官，而现在有专门从事航天领域的科学家在杂志上发表文章，如 2015 年《太空态势感知：难度大，成本高，但必不可少》的作者为吉恩 · H. 麦考尔博士（曾任空军太空司令部首席科学家）。

随着中国航天事业的发展，《空天力量杂志》的作者也不乏中国人的身影。从 2009 年开始，中国籍作者姜国成以《空天力量杂志》中文作者的身份加入了写作行列，之后北京大学博士余万里等人也在该杂志发表文章。

（三）内容多元化

1. 杂志的关注点开始由美国国内转向全世界，即更加关注主要对手。主题在此之前大多数是关于美国国内的发展概况，之后加入了对世界各国太空力量发展趋势的比较分析，甚至出现了美国与他国太空能力的对比，如 2007 年发表的《美国的太空优势——推进和动力技术考量》，以及 2009 年美国空军中校詹姆士 · 麦凯发表的《剖析美国和某国最近的反卫星活动》。

2. 杂志的内容最初是关于太空作战及太空武器，但随着技术的

---

① B. T. Cesul. A Global Space Control Strategy – Air University [EB/OL], 2014 – 11 [2021 – 10 – 27]. https://www.airuniversity.af.edu/Portals/10/ASPJ/journals/Volume – 28 _ Issue – 6/V – Cesul.pdf.

发展，杂志的视角也随之扩大，由一开始对单个太空技术的分析偏向于全球太空战略。比如，托马斯·C. 科奥空军上尉和乔纳森·T. 布莱克博士在2011年发表了《机动航天器——轨道和亚轨道飞行相结合实现节约效益》一文，为填补现有太空资产能力和需求之间的缺口，美国提出了机动响应太空项目（Operationally Responsive Space，ORS），并做了详细介绍。而在2015年现任美国国家空天情报中心ASAT威胁部首席情报分析官的B. T. 赛苏尔博士发表了《制定全球太空控制战略之我见》，把太空控制战略从太空优势这个更大概念范畴中移出来，从而降低了这个关键领域的模糊程度。

三、认识一个前所未有的“新太空”①

太空是全人类的共同财产。人类探索和利用太空涉及全人类利益。特别是20世纪90年代起发生的海湾战争、科索沃战争、阿富汗战争、伊拉克战争以及近些年发生的叙利亚战争，均警示世人太空的巨大军事效用——谁抢占了制天权，谁就可以夺取制信息权，进而拥有制陆权、制海权、制空权。目前，由来已久的太空竞争呈现出许多新趋势和新特点，人类正在发现和面对一个“新太空”。

（一）太空竞争伴随人类太空发展史

纵观人类历史，世界军事技术与战略战术发展始终伴随新型战略空间拓展与制高点争夺。航空航天技术的日新月异与国家利益的持续拓展已使战场从传统的陆、海、空迈向太空。1957年10月，苏

---

① 原载于2018年第10期《世界知识》，有删改。

联成功发射世界上首颗人造卫星“伴侣号”。1958 年 1 月，美国成功发射其第一颗人造卫星“探险者 1 号”。从此，世界主要国家围绕进出、利用和控制太空纷纷制定太空战略，发展太空军事力量，太空开始成为军事争夺的新赛场。现在世界上已有 120 多个国家正在进行太空活动。通信卫星、导航卫星、气象卫星、侦察卫星、海洋监视卫星、预警卫星、轨道飞行器、太空态势感知装备以及发射测控装备等，在强力改变人类生产生活方式的同时，不断塑造太空时代特有的全球治理格局框架。展望未来，太空轨道将日益“拥挤”，太空碎片将越来越多，太空环境亟须治理。

太空竞争，既可实现扬长补短，促进共同进步；又可能催生霸权主义，造成零和博弈。历史上传统自然空间的拓展充满了血雨腥风。尽管目前太空看似风平浪静，然而太空武器化趋势已使太空安全风险倍增。美国 1959 年 10 月首次机载拦截弹反卫星试验、1960 年 10 月装有核战斗部的弹道导弹摧毁卫星试验、2005 年 7 月“深度撞击”计划试验、2008 年 2 月“标准 -3”导弹击毁一颗失控间谍卫星，1961 年 3 月苏联反弹道导弹核爆方式摧毁太空目标、1968 年 11 月卫星歼击机“宇宙 -252”在预定轨道准确拦截靶星试验、1975 年 10 月激光致盲两颗美国导弹预警卫星，以及 2007 年 1 月中国首次反卫星试验，均给世人留下深刻印象。当前，主要国家正在加快研发新型强激光、高功率微波、粒子束等定向能武器和可快速发射与拦截的动能反卫星武器以及轨道抓捕器等，太空武器化甚至新的军备竞赛正在升级。特朗普政府的《国家安全战略》将“自由进出太空”和“在太空中自由行动”视为核心利益，[①] 全面谋求太

---

① Carlota Encina. The Trump Administration’s National Security Strategy [EB/OL], 2018 - 07 - 13 [2021 - 10 - 27]. http://www.realinstitutoelcano.org/wps/wcm/connect/25d788de - 9e45 - 4c6d - acb6 - d4e98f89845c/WP14 - 2018 - GarciaEncina - Trump - Administration - National - Security - Strategy.pdf? MOD = AJPERES&CACHEID = 25d788de - 9e45 - 4c6d - acb6 - d4e98f89845c.

空能力、技术、经济、联盟、规则新优势。日本、印度等也在大力发展太空支援作战能力和反卫星武器系统。太空安全环境面临的不确定性和不稳定性凸显。

（二）太空霸权主义有过之而无不及

太空发展史与竞争史表明，美国是对太空运用时间最长、技术最先进的国家。美国作为名副其实的太空军事强国，太空作为维护其战略利益的支柱领域，地位不可替代。长期以来，美国太空战略目标旨在保持太空优势、意在太空威慑、重在太空防御，太空战略体系由国家层面引领、军队层面落实、商业层面支撑，太空战略举措涵盖优化太空作战架构与力量、提高太空系统弹性、鼓励商业太空技术创新、强化太空联盟行动等。近年来，面对国际太空领域日益呈现的拥挤、竞争、对抗以及多极化、全球化战略新格局，伴随“重返亚太”“第三次抵消”和“反介入/区域拒止”等国家战略，美国太空战略优势得到巩固甚至扩大。2017 年 4 月美军《空间作战架构》指出，太空已成为作战域，太空力量必须面向对抗环境转变为作战部队。特朗普政府的《国家安全战略》将太空提升为优先领域，通过 2017 年 6 月、12 月分别重建国家航天委员会、签署《1 号太空政策指令》① 以及 2018 年 3 月制定美国历史上首份《国家航天战略》等战略举措，全力维持其太空领导力和太空自由行动。在特朗普发声力挺之后，美国组建“太空部队”的辩论持续升温。

尽管美国一直非常重视太空力量建设，但随着太空对抗技术发展，美国逐渐意识到其不断加大投资的太空资产面临的风险日益增

---

① THE WHITE HOUSE. Space Policy Directive – 1 of December 11，2017 ［EB/OL］，2017 – 12 – 14 ［2021 – 10 – 27］. https：//irp. fas. org/offdocs/nspm/spd – 1. pdf.

加，其太空安全港的时代一去不复返，太空领域已从良性环境转变为作战域，对太空的高依赖性与太空天然的高脆弱性并存。因此，必须在太空之外优先发展备份资产，以增强抗打击能力，削弱对手率先发动太空攻击的意愿。此时，临近空间进入美军视野。美军提出，空间联合作战将是太空和临近空间的联合，未来30—50年甚至更长一段时间，战争的主要区域将是在临近空间。从高度上看，距地面20千米—100千米的临近空间，作为“陆、海、空、天”之外唯一自然空间，既不属于航空范畴，也不属于航天范畴，独立于航空、航天领域，且目前仍无国际法则约束，是又一新型安全领域。同时，由于独特的高度环境特征，临近空间在应用上是临近空间飞行器的飞行特区，功能上“上可制天、下可制空/制地/制海/制信息”，既可“强天拓空”，对倍增多域融合作战能力不可或缺，又可“断天隔空”，对多域力量联合运用一票否决。

（三）临近空间已成为大国战略竞争的新制高点

主要国家视临近空间为制胜未来战争的前沿竞争领域，围绕临近空间技术研发、军事和话语权优势争夺的博弈趋紧。临近空间技术特别是高超声速技术实战化前景彰显。特朗普政府已明确“将寻求在临近空间高超声速技术领域保持世界领先地位”。美国成立高超声速联合项目办公室以及2019财年高超声速科研经费预算暴涨63%，表明其正尽全力扩大高超声速领域竞争优势。2018年3月普京国情咨文中的“匕首”空射高超声速导弹已服役，而“先锋”高超声速助推滑翔弹也于2019年前服役，表明俄罗斯正加快发展高超声速武器。目前，世界正处于临近空间大规模开发应用的前夜，临近空间力量发展有可能颠覆传统作战模式甚至改变全球战略平衡态势。类似太空攻防对抗技术发展，有矛就有盾，反临近空间能力体系建设也日渐兴起。为应对可能的高超声速武器威胁，美国正通过新老结合大力发展反临近空间能力体系。俄罗斯也明确将拦截高超声速目标作为其新一代空天防御系统发展重点。此外，2017 年 9 月美国兰德公司发布《防止高超声速导弹扩散：阻止一类新型武器的蔓延》报告，表明美国已将争夺临近空间规则制定主导权作为其扩大竞争优势的重要抓手。①

长期以来，空天一体一直被认为是未来战争的主要形态。然而，在临近空间飞行器出现尤其是大规模应用之前，尽管"空"与"天"原本不分，但由于多方面条件限制，空中与太空应用尚未进行真正融合，所谓空天一体并没有真正全面地涵盖整个空天区域。随着航空航天技术以及信息化技术、太空网络技术的发展，空间无缝性和整体性趋势明显。通过多种网络攻击手段，秘密遂行太空无烟战争，或许会成为未来太空及其地面支持与应用战场的主要形态。伴随这一趋势，一方面，临近空间飞行器的出现，将连接太空与航空空间，使太空、临近空间、航空空间无缝衔接，实现真正的空天一体。美国正筹建的"国家空间防御中心"以及俄罗斯已组建的空天军，均具备空、天、临跨域作战能力。另一方面，前瞻新军事革命网络赋能向"全维空间"拓展、"作战云"推动"集网成云"以及空天人工智能技术发展潮流，瞄准制胜未来信息化智能化战争迫切需求，空天一体将向更高阶段演化，空、天、网三个领域将深度融合形成"新太空"，并催生智能空天时代，对人类社会发展、大国战略博弈、国际秩序重塑发挥系统性涌现性效能，世界和平与发展将越来越依赖"新太空"能力。

习近平主席指出，太空已成为国际战略竞争的制高点、国家安

---

① Richard H. Speier. Hypersonic Missile Nonproliferation [EB/OL], 2017 [2021 - 10 - 27]. https://www.rand.org/content/dam/rand/pubs/research_reports/RR2100/RR2137/RAND_RR2137.pdf.

全的高边疆和军事斗争的新战场。中国一贯主张和平利用太空。面对“新太空”大时势，中国将携手世界各国，秉持和平、主权、普惠、共治原则，多手准备、综合施策，主动塑造良性竞争与和平合作新时势，全力推动新时代太空人类命运共同体建设，为世界和平与发展作出新的重大贡献。

第五章　太空新理念

一、“发射前摧毁”：美俄展开新竞赛①

2020 年 3 月 20 日，美国国防部发表声明说，美军当天在夏威夷进行了高超音速滑翔体飞行测试。此前，俄罗斯成功试射“锆石”新型高超音速巡航导弹。近年来，美国和俄罗斯大力发展高超音速武器，并试图在防御高超音速武器方面一较高下，其中对高超音速导弹进行“发射前摧毁”成为双方比拼的重点。

（一）高超音速武器极难防御，倒逼美俄寻求“发射前摧毁”

高超音速武器的飞行速度通常在 5 马赫以上，具有三大特点：一是飞行速度极快。天下武功，唯快不破。高超音速武器的“快”使敌方防不及防、防无可防。2018 年 12 月 26 日，俄罗斯“先锋”高超音速滑翔导弹批量生产前最后一次试验最大飞行速度达 27 马赫（约 33000 千米/时）。二是弹道极难探测与预测。与传统弹道导弹“抛物线”式弹道不同，高超音速武器飞行过程是“打水漂”式跳跃弹道，还可横向大范围机动，可谓“飘忽不定”。三是主要在 20

① 原载于 2020 年 3 月 26 日《解放军报》，有删改。

千米—75 千米高度范围飞行。与传统弹道导弹相比，其打击同一目标飞行路径更短，地基雷达探测距离、防御系统响应与拦截时间窗口更小。这三大特点使高超音速武器极难防御，同时倒逼美国、俄罗斯等国寻求“发射前摧毁”。美国防部负责高超音速科研的助理主任迈克·怀特表示，一旦高超音速导弹发射，防御将变成一个极难的问题，因此最好的防御就是进攻，即在发射前将其摧毁。俄罗斯军事专家德米特里·科尔涅夫称，俄正在为米格 –31 和未来的米格 –41 战机设计研发一种多功能远程拦截导弹系统，试图在敌方发射高超音速武器之前将其击中。

（二）美国组建“战情室”，全程多手段分层防御

美国新版《国家安全战略》报告提出“优先发展增强型导弹防御能力”，即对形成“发射前摧毁”能力提出明确战略需求。2019 年 8 月，美国导弹防御局发布《导弹防御局局长愿景和意图》[①] 文件，明确将“发展针对高超音速武器的预警、探测和跟踪能力”以及“发展针对高超音速武器等新型威胁的拦截能力”列为导弹防御局的优先级任务。美国战略司令部司令约翰·海顿更是明确表示，必须发展天基预警和天基拦截能力。这表明，美国已将天基传感器层和天基拦截器层视为防御高超音速武器的关键。

美国国防部在改进现有陆基、海基、空基以及天基传感器能力的同时，正大力推动构建低轨道天基传感器层，以便为防御高超音速武器提供持续、全球、低延迟的监视、跟踪、瞄准和火力控制。构建天基传感器层造价不菲，但为尽快投入使用，美国国会表示不

---

① DSJ Staff. MISSILE DEFENSE AGENCY DIRECTOR'S VISION AND INTENT – 2019 [EB/OL], 2019 – 09 – 03 [2021 – 10 – 27] . https://www.dsjournal.com/2019/09/03/missile – defense – agencys – vision – and – intent – 2019.

对其设定具体的成本限制。美国导弹防御局已与“诺斯罗普·格鲁曼”“雷神”等4家公司签订合同，要求它们在2020年10月31日前设计出传感器有效载荷样机。“眼睛”与“快打”，二者缺一不可。美国发布的新版《导弹防御评估报告》[①]强调，在寻求对高超音速武器全程跟踪和监视的同时，需探索未来可能的天基拦截能力。目前，美国太空发展局正与导弹防御局、空军等协调实施天基拦截器评估项目，以实现在助推段防御高超音速武器。

此外，美国组建“国家队”合力发展助推段、中段、末段全程跟踪监视与多手段拦截的高超音速导弹防御系统。2019年9月，美国导弹防御局授予洛克希德·马丁公司“女武神－高超音速防御末段拦截弹”“标枪－高超音速防御武器系统”方案合同，以改进“萨德”拦截弹和“爱国者”－3MSE导弹，谋求实现在高超音速弹头滑翔中段、后段及末段进行拦截。美军还成立高超音速武器“战情室”，加快武器研发与投产。

（三）俄罗斯注重探索低风险、高效益的拦截技术路径

继“匕首”空射高超音速导弹于2017年12月开始战斗值班后，俄罗斯新型高超音速武器再次取得重要突破：一是“先锋”高超音速导弹于2019年12月27日开始战斗值班。二是最新型“锆石”高超音速导弹于2020年1月完成首次舰艇试验发射并命中目标。“锆石”高超音速导弹使用范围广，可部署在俄罗斯所有新型舰艇上。至此，俄罗斯已基本形成陆、海、空基多样化发射与远、中、近程多型号搭配的高超音速打击能力。

---

① United States Government Accountability Office. MISSILE DEFENSE Assessment of Testing Approach Needed as Delays and Changes Persist [EB/OL], 2020 - 07 [2021 - 10 - 27]. https://www.gao.gov/assets/gao-20-432.pdf.

同时，俄罗斯将拦截高超音速巡航导弹、滑翔弹头等任务作为新一代空天防御系统规划的发展重点。目前，俄罗斯主要依赖其新推出的S－500防空导弹系统与“集装箱”超视距侦察和导弹预警雷达相结合的方式，对各类目标进行预警拦截。2017年5月24日，俄罗斯国防部长绍伊古表示，S－500系统将于2020年装备部队，以有效遏制敌方的全球快速打击。2018年12月2日，俄罗斯国防部宣布，俄军首座最新型“集装箱”超视距侦察和导弹预警雷达已开始投入测试作战值班。俄空天军第一防空反导集团军司令安德烈·杰明表示，这是俄军首座新一代超视距雷达，可确定2500千米外的各种飞机和高超音速导弹坐标，是俄军对抗西方高超音速武器的有力盾牌。

与美国以天基传感器层与天基拦截弹层为重点谋求全程多手段防御不同，俄罗斯注重探索低风险、高效益的技术路径。据报道，俄罗斯正在研发一种能够拦截高超音速导弹的多功能远程拦截导弹系统。该系统可将由若干先进的空对空导弹组成的战斗部发射到几百千米之外，随后它们与运载工具分离，在各自配备的主动制导雷达系统的协助下，开始自行搜索和攻击目标。该系统携带多枚自动寻的导弹，摧毁高超音速目标的机会大大增加。在向高超音速目标发射超远程空基导弹的情况下，战斗部会出现在预先计算出的敌方高超音速导弹的飞行轨迹上，对其进行正面攻击。

二、“星链”可能成为美军未来作战理念新载体[①]

在美国航天政策愈发重视商业航天发展，尤其是美国太空军发

① 原载于2020年7月16日《解放军报》，有删改。

展对巨型弹性低轨星座提出重大需求的背景下，美国太空探索公司 SpaceX 乘势将业务从商业航天发射、载人航天货物和乘员运输逐渐扩展至低轨宽带通信服务，即“星链”计划。自 2019 年 5 月 SpaceX 首次一箭 60 星开启“星链”计划部署截至 2022 年 1 月初，已执行 34 次批量化部署任务，在轨卫星总数已达 1840 余颗。

值得关注的是，与 2015 年 1 月 SpaceX 首次提出低轨互联网星座项目时所宣称的旨在为全球提供高速宽带接入服务不同，2017 年 8 月其在向美国专利局提交商标注册申请时，“星链”的应用范围拓宽到了卫星通信与传输、卫星成像、遥感等服务，暗藏着巨大的军事应用潜力。

近年来，美军将重心转向所谓的“大国竞争”，陆续提出了“马赛克战”“决策中心战”等未来战争新理念。“星链”计划的发展与其可谓如影随形、互动密切，极有可能成为这些理念在太空域的直接载体，催生新型作战样式，颠覆传统太空与网络安全体系。

美国国防高级研究计划局（DARPA）于 2017 年 8 月首次提出“马赛克战”概念愿景。巧合的是，在同一时间点，SpaceX 两大互联网星座计划正式统一命名为“星链”并申请商标注册。

2019 年 3 月，DARPA 开始大规模布局“马赛克战”使能技术项目研发，9 月发布报告《重塑美国的军事竞争力：马赛克战》[①] 概述“马赛克战”概念内涵、组成和原则等。10 月，太空发展局提出在 5 年内寻求超过 110 亿美元资金，计划、设计和部署用于军事用途的大型卫星群。当年 5 月和 11 月，SpaceX 第一组、第二组各 60 颗“星链”卫星发射升空。

① David A. Deptula, Heather A. Penney, Lawrence R. Stutzriem, Mark A. Gunzinger. Restoring America's Military Competitiveness: Mosaic Warfare [EB/OL], 2019 - 09 [2021 - 10 - 27]. https://mitchellaerospacepower.org/wp-content/uploads/2019/09/a2dd91_29e021b297f2492ca7f379d31466ad0c-1.pdf.

2019 年 12 月，DARPA 等机构运用兵棋推演方法对“马赛克战”进行了评估，其去平台化、去中心化的思想进一步在美军中达成共识。美太空军的正式成立，则使太空军事化进一步加速。2020 年 2 月，美国战略与预算评估中心发布《马赛克战：利用人工智能和自主系统实施决策中心战行动》①，决策中心战随即成为“马赛克战”概念发展新动向。在此期间，SpaceX 开启“星链”计划高密度部署模式，仅在 2020 年半年左右时间就发射了近 420 颗卫星。

两者之所以如影随形、互动如此密切，一方面是因为 SpaceX 嗅到了美军未来战争“马赛克战”与“决策中心战”的巨大商机，另一方面也是美军向 SpaceX 暗送秋波，作为“大客户”为其提供大量资金。

纵观“马赛克战”与“决策中心战”的发展过程，其核心思想可以理解为以马赛克兵力为对抗主力，将作战重心聚焦于 OODA 作战环（观察—判断—决策—行动）的“判断—决策”环节，使对手陷入决策困境，降低其决策质量和行动效能。在其发展和推进过程中，“星链”计划大有可以作为的空间，因为“星链”计划的约 4.2 万颗卫星一旦部署完成，就像是在低轨空间部署了一层包围地球的巨型马赛克，其在未来战争中的“马赛克效应”——迷惑对手、占据主动将会凸显。

“星链”庞大星座中的不同卫星搭载通信、侦察、导航、气象甚至攻防等不同载荷，能根据任务需求快速塑造态势、灵敏机动布势，从而使对手陷入“看不懂”的模糊状态，降低对手决策速度和质量，影响其行动效能。毕竟，面对如此巨型的卫星“星座”，要想判断某颗卫星的具体用途，确定具体的攻击目标，并非易事。

---

① Bryan Clark, Dan Patt, Harrison Schramm. MOSAIC WARFARE EXPLOITING ARTIFICIAL INTELLIGENCE AND AUTONOMOUS SYSTEMS TO IMPLEMENT DECISION - CENTRIC OPERATIONS [EB/OL], 2020 [2021 - 10 - 27]. https://csbaonline.org/uploads/documents/Mosaic_Warfare.pdf.

相比之下，“星链”对美军的作用则是多方面的。“星链”庞大的“星座”不仅可提供低成本、无死角、低延时、高通量全球互联网与卫星通信服务，还具备高重访率与分辨率的全维全天候全天时侦察监视预警应用潜力，将大幅增强美军未来作战能力，叠加其OODA优势，有利于掌握作战主动权。同时，“星链”的高分布性、灵活性、快速重构性等特点，使其具有高抗毁伤能力，即使部分节点遭破坏，也不会影响作战体系的整体效能。

三、美国太空体系评价新指标——太空弹性①

在过去，人们的纷争从来没有进入到太空，太空被认为是极其安全的。所以，在设计太空体系时，人们总是在想办法去提高其性能，而没有重视其安全性。在当今世界各国加快发展航天事业的大背景下，随着太空的社会、经济、科技、军事等效益的日益凸显，太空竞争愈发激烈，太空威胁也不断涌现，太空安全已经成为影响国家安全和发展的重要问题。太空体系优劣的评判不仅仅局限于性能的高低，也需要考虑其安全性。为此，美国提出了一个评价太空体系的新指标——太空弹性。

起初，“弹性”这个概念应用于材料学、生态学、心理学等不同学科。而在近年，这一概念开始扩展应用到工程系统领域和基础设施之类的复杂巨系统等。而由于自然灾害对系统带来的威胁等原因，社会各界提出应该建设弹性的组织结构和弹性的系统等，以便快速响应破坏性事件、快速恢复系统原有功能、减少其带来的损失。随着学术研究发展的进行，同时也顺应国家对弹性的关注，太空弹性

① 原载于2019年3月27日“一言航天”公众号，有删改。

应运而生。

在美军《弹性与分散空间体系》白皮书中，“弹性”被定义为：“一个系统体系在面对系统故障、环境挑战或敌对行动时能够继续提供所需能力的本领。”①

2016 年，美国空军航天司令部提出“空间组织愿景”，这其中还引入了“弹性能力”的概念，它的含义是航天部队对全部已知威胁做出反应的能力，以及反击未来威胁的速度，并且能够持续为联合作战部队和同盟部队提供空间效能。

美国现有的卫星系统是 20 世纪“星球大战”时期建立起来的，当时的卫星多用于核攻击预警以及维持相互力量的均衡，而对空间体系的攻击则被视为对国家的严重挑衅，再加上“冷战”时美国国防部提出的“相互确保摧毁”战略，大大降低了卫星遭受攻击的风险。因此，在卫星的设计之初，性能的优先级要远远高于防护。

近年来，美国军事航天的发展面临着内外部环境发生巨大变化的问题：一方面，军事卫星的应用愈发广泛，而美军对卫星的依赖也日益增强，与此同时美国航天预算又持续紧缩，一定程度上减慢了其向前发展的步伐；另一方面，国际空间安全环境呈现对抗（contested）、空间环境拥挤（congested）、国际竞争（competitive）的“3C”局面。

内外部环境的变化使美国的空间安全观发生了转变，美国也因此开始了自身军事航天体系的转型，其中一个非常重要的目的就是通过构建分散的空间体系来提升弹性，增强国家空间威慑力，慑止对空间系统的攻击，进而维持空间安全与稳定。

早期在考虑空间系统潜在的威胁后，空军航天司令部急切地在

① Air Force Space Command. Resiliency and Disaggregated Space Architectures White Paper [EB/OL]. 2013 - 08 - 21 [2021 - 10 - 30]. https://www.airforcemag.com/PDF/DRArchive/Documents/2013/August%202013/082113_AFSPC_Disaggregated.pdf.

空间系统设计中增强分散的作用。“分散”被定义为：“将天基任务、功能或传感器分散到一个或多个轨道平面、平台、载具或多域的多个系统之中。”

但是在空间战略态势评估之后，关于“分散”的作用被弱化了，实际上，美国更多地聚焦于增强弹性的方法。

美国在《弹性与分散空间体系》白皮书中提到，弹性由海、陆、空、天、网多域能力组成，围绕威胁慑止、体系强健、系统重构、能力恢复等途径开展，以制度化的形式将弹性融入体系研究、需求论证、规划计划、采办和运行管理等各项军事航天活动中。弹性的思想是将重点从关键系统防护向关键能力保证转变，目的是确保军事航天系统能够在可接受风险下遂行指定任务。

具体措施包括将未来早期预警卫星和通信卫星的战略和战术功能分散，同时，增强现有系统的轨道机动能力和推进能力，减少中等级项目的成本和研制时间，增强空间态势感知和战场管理能力。此外，还包括与商业和盟友的合作，有利于在“节点分散”“手段多样”“冗余备份”方面提升弹性。

当我们深入分析美国太空体系评价新指标时，不难看出，美国并没有完全摒弃原先的“分散”这一观念，而是在“分散”基础上提出了一个更高层次的概念——“弹性”。就像上文提到的那样，提升“弹性”最基本的途径就是“分散”，但“弹性”不局限于“分散”，它所涵盖的内容更加丰富，也更加有利于后续美国航天体系的升级。

其实，美国提升自身太空体系安全的方法远不止于此。近来，美国在航天方面积极与多国尤其是欧洲国家开展合作。美国负责提供先进技术，其他国家负责资金支持、航天器建造以及后续维护。美国依旧手握拥有权，只需与其他国家分享使用权，便节约了大量的成本。这样，美国也在无形之中将这类航天器国际化，将多国利益绑在了一起。美国觉得，它的太空资产绑定的国家越多，就会越安全。这是弹性之外，它保证太空资产安全的另一种方式。

从实质上看，接下来的一段时间里，美军新的太空体系将会以提升弹性为最终目标，以分散为基本途径，采取多种手段进行升级转型，试图成为一个高度集成、天地一体的综合体系。

四、“弹性”太空：看准美国战略新方向[①]

“弹性”，即通过灵活性、适应性、应变性等实现“可控”。美国已意识到威胁正日益增多，必须具备“弹性”，以在受到攻击时仍能保证各领域能力的持续性。2019 年 4 月 9—11 日，在第 35 届太空研讨会上，时任美国代理国防部长沙纳汉指出，“美国需要发展致命性、弹性强、有威慑力且成本低的军事太空能力”，表明“弹性”已成为美国太空领域建设的主题词之一。

（一）太空“弹性”日益受到美军重视

近几年，太空系统安全威胁日益增多，太空“弹性”作为美国太空体系评价的新指标，日益受到重视。

早期在考虑太空系统潜在威胁后，美国空军航天司令部曾特别强调“分散”的作用，即将天基任务、功能或传感器分散到一个或多个轨道平面、平台、载具或多域的多个系统中。2013 年，在美空军航天司令部《弹性与分散空间体系》白皮书中，“弹性”被定义为“一个系统体系在面对系统故障、环境挑战或敌对行动时能够继

---

① 原载于《装备参考》，有删改。

续提供所需能力的本领”，并指出，“弹性”由海、陆、空、天、网多域能力组成，围绕威胁慑止、体系稳健、系统重构、能力恢复等途径展开，以制度化形式将“弹性”融入体系研究、需求论证、规划计划、采办和运行管理等各项军事航天活动中。“施里弗－2014”太空战演习正式对太空能力“弹性”相关概念进行演示验证。

2016年，美国智库新美国安全中心发布《从庇护所到战场：美国太空防御与威慑战略框架》的研究报告，提出了“有限太空战”构想。之后，采用基于微小卫星的分布式架构、增强在轨卫星机动性、发展卫星在轨检测与维修能力、改进太空发射能力等，建设新的分散化弹性太空体系受到重视。美国空军航天司令部提出“空间组织愿景”，再次引入“弹性能力”概念，即航天部队对全部已知威胁做出反应的能力、反击未来威胁的速度，以及持续为联合作战部队和同盟部队提供太空效能的能力。

2017年，美国外交政策研究所《太空危机稳定性：中国及其他挑战》① 报告指出，应采用分布式架构使太空资产及地面 C^4ISR 系统具备持续的“弹性”，并建议将研发“弹性”太空架构作为优先事项。美国防部负责太空政策的副助理国防部长提出 D4P2“弹性”法，即“分解、多样化、分散部署、欺骗、防护、扩散式部署”，以确保卫星在面临攻击时更具“弹性”。美国防部成立“国家太空能力弹性体系建设”国防战略工作组，研究太空态势感知需求、防御措施和主动防御概念等太空控制各方面新政策，以提高国家安全太空体系“弹性”。在“空天网”年度会议上，空军部长希瑟·威尔逊表示，太空系统需获得更多投资，使美军太空系统更具“弹性”。美国智库国际与战略研究中心发表《第二个太空时代的冲突升级与

① Crisis Stability in Space: The China Challenge and Implications for U. S. Security [EB/OL]. 2013 [2021-10-27]. https://core.ac.uk/download/pdf/36723108.pdf.

威慑》报告，建议美国重点发展太空威胁归因能力，增强太空系统“弹性”。

2018 年版美国《国家太空战略》强调的一个关键词也是“弹性”，指出这将加速变革，以增强太空架构“弹性”、防御能力以及在遭受打击后的重建能力，美国太空力量正向更具“弹性”的太空架构转变。美国参联会发布的 2018 年版《太空作战》条令在阐明“太空任务保证”概念时指出，美国可采取防御性作战、重构及“弹性”三类措施减缓太空威胁。“施里弗－2018”太空战演习的主要目的之一，即深入了解国际盟友参与太空和网络作战行动后的“弹性”、威慑与作战能力。

DARPA 在 2019 财年设立了“太空弹性快速响应发射”新项目，拟通过推动微小卫星专用小型运载火箭发展，满足“弹性”太空力量部署和快速响应发射的需求。美国洛克希德·马丁公司 3 月宣布，计划年推出新一代太空技术——“智能卫星”（SmartSat），开启更强大的太空处理能力，为用户提供无与伦比的“弹性”，以适应不断变化的任务需求和技术。SmartSat 新架构，即软件定义卫星架构，允许用户通过软件推送为在轨卫星分配新任务、添加新能力。SmartSat 旨在增强太空“弹性”能力，进一步增加未来微纳卫星等的灵活性、适应性，以应对高度动态变化的太空安全风险。

（二）“弹性”已成为美国国家战略的重要方向

美国认为，“弹性”对太空及其他各领域都非常重要，已将“弹性”视为国家战略的重要方向之一。

例如在网络安全领域，2016 年 12 月，美国和加拿大发布《美国—加拿大电力网安全与弹性联合战略》，承诺加强网络安全和应变能力，加强北美电力网的安全。2017 年 2 月，美空军成立“武器系统网络弹性办公室”，以保护武器系统免受网络攻击。2018 年 5 月，美国国土安全部发布《网络安全战略》，提出在 2023 年前加强政府网络和关键基础设施的安全性和“弹性”。2018 年 11 月，美国太平洋空军司令查尔斯·布朗表示，美国太平洋空军必须保证有足够数量的基础设施、足够的通信带宽和畅通的信息联通性，必须建立对抗网络攻击的“弹性”网络。“环太平洋—2018”大规模多国联合演习的主要目的也是增强联合部队的杀伤力、灵活性和“弹性”。

美国在多份国家战略性文件中多次强调“弹性”问题。在《国家安全战略》报告中提到“要增加美国弹性”，“美国政府要与商业太空公司合作，努力提高本国太空体系的弹性”。在《国防战略》中也强调：“确定部署一支杀伤力强、富有弹性、适应性强的联合部队应优先发展的领域，发展灵活、致命且富有弹性的作战力量”，“将资金优先用于恢复重建和确保太空任务执行能力的项目上”，“优先考虑对弹性、重构和运行的投资”，“优先发展具有可恢复力、存活性高的联合网络和信息生态系统”，“优先投资富有弹性及灵活的后勤保障能力建设”。此外，2018 年 10 月《评估和强化制造与国防工业基础及供应链弹性》、2018 年 12 月《国家授时安全与弹性法》以及《国家情报战略》[1] 等，均强调了“弹性”的重要性。

（三）美国“弹性”对竞争对手提出新挑战

目前，“弹性”已在美国国家战略层面与多领域战役战术层面形成“闭环”。美国《国家安全战略》《国防战略》等文件多次强调“弹性”问题，正是牵引上述美国太空、网络等领域建立“弹性架

① NATIONAL COUNTERINTELLIGENCE AND SECURITY CENTER. National Counterintelligence Strategy of the United States of America [EB/OL]. 2020 - 01 - 07 [2021 - 10 - 27]. https://www.dni.gov/files/NCSC/documents/features/20200205 - National_CI_Strategy_2020_2022.pdf.

构”的主要动力。

当今世界正处于一个前所未有的大变局之中，国际局势、安全态势等自变量极多。那么，如何使国际格局、大国关系等因变量在这些自变量的作用下仍可调整从而保持稳定，这也涉及“弹性”问题。而要实现“弹性”，必须知己知彼，灵活调整战略战术。

五、太空竞赛的另一种视角——社会建构[①]

《国际事务》于1992年由英国皇家国际事务研究所查塔姆学院（Chatham House）创立，该期刊的影响因子为3.748，在91种国际关系类刊物中位列第5名。其中2019年第12期的一篇文章罕见地介绍了太空竞赛的另一种视角——社会建构[②]。

文章认为，在过去70年里，尽管政府为太空军事化做出了许多努力，但总体而言，非国家行为体已经确保了即使在冷战最激烈的时期，太空仍然是人类互动的高度合作领域。虽然表面上有一种基于威胁的竞争性，但这在很大程度上是由社会建构的。

文章特别提到了火箭协会、国际地球太空物理年，以及国际空间站来支撑自己的观点。

（一）火箭协会

20世纪二三十年代，宇宙飞行运动已经出现，其动机是实现人类前往其他行星并最终定居的能力。由此诞生的诸多航天组织由对

---

① 原载于2020年11月7日“一言航天”公众号，有删改。

② Cross M. The social construction of the space race: Then and now［J］. International Affairs, 2019 (6): 95.

哲学、科技和火箭感兴趣的个人组成，他们变得越来越国际化，并努力宣传关于太空方面的知识以激发公众对太空探索的兴趣。几千年来，人类一直仰望着星星，用它们导航，寻找灵感和奇迹。科幻小说也扮演了重要的角色，尤其是19世纪作家儒勒·凡尔纳和赫伯特·乔治·威尔斯。因此，在20世纪20年代，许多普通人由于对太空的未知而着迷，但这并不奇怪。正如斯托洛克斯所说，它在很大程度上是一种社会和文化现象，体现在广泛的活动中，包括书籍、小册子、电影、实验研究和展览。重要的是，这些组织高度多样化，分布广泛，最终形成了一个强大的跨国网络，定期交流关于如何建造宇宙飞船以及如何在其他星球定居的各种想法。正因为这些团体的深层次联系，所以在1931年，有人讨论要成立一个超国家的伞式组织，把他们都聚集在一起。

航天专家们普遍认为，需要通过合作实现和平的航天飞行，并造福于人类。在第二次世界大战期间火箭协会成员没有碰面，但火箭作为战斗的一部分取得了非常重要的进展。以德国的冯·布劳恩为代表的航天科学家加入了这场战争，他们认为V2火箭不是他们要实现的目标，而是达到目的的一种手段：为人类航天飞行这一最终目标提供更多的资金和研究支持。战争结束后，德国科学家们前往美国或者苏联，航天爱好者恢复了以往的活动，迅速实现了长期以来的共同目标，即以更正式的方式将航天事业国际化。1950年9月30日，国际宇宙航行大会第一次会议在巴黎举行，来自10个国家的约40名代表成立了国际宇宙航行联合会，该联合会囊括了14个火箭协会。诚然，发展导弹的军事努力带来了先进的火箭技术，但火箭协会的主要目标仍然是实现和平航天、鼓励航天方面的国际合作以及培养公众的热情。

（二）国际地球物理年

国际地球物理年由美国和国际科学联盟理事会牵头，最初吸引了 26 个国家，但这一数字很快增至 67 个，涉及约 6 万名科学家。苏联于 1955 年加入，特别是回应了美国的卫星进入轨道以改善科学数据的计划。1954 年 10 月，理事会正式确定了在国际地球物理年期间发射卫星的目标。可以肯定的是，这两个国家都有在国际物理年期间发射卫星的先兆。1954 年，苏联科学家提出了一项卫星计划，而艾森豪威尔政府早在 1950 年就开始考虑怎样把一颗间谍卫星送入轨道。然而，国际地球物理年以科学名义将卫星计划变成一项和平的国际合作。美国明确将这个项目与任何导弹方案独立开，但伯克利说到，这种阴谋论，即美国支持国际地球物理年以科学研究为幌子发射美国卫星的想法必须被拒绝。苏联在加入国际地球物理年后，成为了国际地球物理年规划的几乎所有领域的主要贡献者，包括用于海洋学的 48 艘船中的 15 艘。事实上，国际地球物理年迅速成为苏联在划拨资金、人员和资源方面的最高优先事项，甚至高于美国。

国际地球物理年经常被描述为“有史以来最大和最复杂的国际科学事业”，并赞扬其“为克服意识形态差异，在科学与外交之间建起桥梁”做出的贡献。虽然成立该组织的最初决定是在国家一级做出的，但实际参与者是范围广泛的非国家行为者——科学家和一般的公众（教师、学生、志愿者），他们分布在处于冷战对立面的各个国家。成千上万的科学家，努力在多个领域推广知识。国际地球物理年的基石是“数据的自由流动”，会议商定，所有数据都将随时提供给所有人。会议还建立了 3 个世界数据中心，将所有的发现汇集到一起，参与该项目的也不只有科学精英，为了让全球的普通民众参与进来，大家都做了相当的努力，这对世界来说是一件非常重要的事情。

第一颗人造卫星发射发生在国际地球物理年期间，这意味着将一颗卫星送入轨道是一项正式的国际社会努力的结果，而实现这一目标所需的知识正在各国广泛传播。在卫星发射之后，国际社会以美国和苏联为核心就国际合作进行了详细和持续的讨论。卫星进入太空 5 天后，艾森豪威尔说："自那次事件发生以来，我接触过的每一位科学家都非常高兴地谈到了俄罗斯科学家向太空发射卫星的能力。他们表示很开心，而不是懊恼，因为至少苏联已经证明了它的第一部分，那就是，这个东西将成功地围绕地球运动。"美国国际地球物理年计划主席约瑟夫·卡普兰称这一进步是"奇妙的"；《纽约时报》报道："在苏联大使馆的招待会上，美国科学家们虽然对苏联科学家将卫星送入太空感到失落，但终于松了一口气，因为没有了卫星是否会绕地球运动的顾虑"；约瑟夫·卡普兰形容这一发展"太棒了"。

可以肯定的是，因为各国的做法存在差异，国际地球物理年本身并不缺乏国家竞争。在卫星方面，美国和苏联仔细考虑了将分享哪些数据、信息的提供速度以及因国家安全原因而需要保密的内容、洲际弹道导弹的发射能力。就苏联科学家而言，他们坦率地说，他们不会宣布首次尝试发射的时间。他们认为，夸耀实验性突破是不恰当的，除非真的成功了。相比之下，美国人在他们的卫星计划的每个阶段都非常开放。因此，当听到苏联首先成功发射卫星时，许多科学家对进入轨道的精确时间感到惊讶，但对实际成就却不感到惊讶。

（三）国际空间站

1969 年，美国航天局阿尔弗雷德·埃格斯在一份备忘录中写道：空间站适合多国共同行动……非常适合在国际合作，以便在太空中共同前进，为全人类的共同利益而奋进。尼克松的太空任务组呼吁建立可重复使用的太空运输系统，以试图吸引广泛的国际参与，这就产生了空间实验室项目。该项目始于1973年，苏联解体后，美国和俄罗斯加强合作，两国共同努力，于1998年启动了国际空间站的第一阶段。

如果没有悠久的技术和资源共享传统，国际空间站的成就和运作是不可能发生的。这可能是国际合作中出现的顶峰，通常被称为"历史上最大的民间合作计划"，其明确目标是"融合不同的文化和技术，以增强跨境和语言障碍的人类的沟通能力"。正如宇航员亚历山大·格斯特在2018年国际空间站致电国际宇航大会所讲的那样："我们生活在这台由大约10万人制造的机器中……我们已经进行了3000多次实验……来自100多个国家和地区……很明显，这是人类造过的最复杂的机器——没有哪个国家能独自做到这一点。"

登月纪念牌这样写道：公元1969年7月，人类第一次踏上月球，为了全人类的和平。指挥舱飞行员迈克尔·柯林斯在随后的环球旅行中说道："无论我们去了哪里，都不会说'好吧，美国人做到了'，而是到处说，'我们做到了。我们，人类，我们，人类，我们人类做到了'。"

若深入了解20世纪60年代太空竞赛，会发现政府和军事言论是最具冲突性和单方面性的。就实际行动而言，美国进行了若干太空科学飞行任务，同时首先寻求与苏联的合作，并渴望寻求与其他国家的合作。实际上，在这个时期，太空活动的主要参与者在各个方面都倾向于国际合作。极具讽刺的是，正是肯尼迪本人喊出了这样的口号，直白地说肯尼迪便是发起太空竞赛的人之一。

当年的太空竞赛，影响了当今绝大多数人对太空的看法。虽然唐纳德·特朗普肯定不是杰克·肯尼迪，但围绕太空力量的一系列做法是太空竞赛 2.0 的最强烈象征之一，让人联想到最终跟随人造卫星而来的危机和恐慌。中国常驻联合国日内瓦办事处副代表李松大使在 2019 年表示：美国已经明确将太空定义为战争领域，如果我们仍然坚持不进行军备竞赛，我们要么就是有选择地盲目，要么就是缺乏政治意图。

但是太空力量到底意味着什么？建立专门的太空军事部门的可能性不仅仅是当今时代的产物，至少自 20 世纪 90 年代初以来美国一直在进行讨论。然而，特朗普政府最终推动了这项提案，将它与特朗普在外交政策上的单边主义和非外交政策紧密相连。此外，特朗普的太空力量是以明显违背太空国际合作历史的方式组建的。美国官员用“盟友”和“对手”来谈论“太空部队”，甚至公开宣传“永远是掠夺者，永远不是猎物”的口号，以此为太空部队的建立辩护。像这样的尖锐军国主义言论只会强调太空安全的两面性，甚至可能造成两难局面。

再次指出，关于今天安全困境的叙述是在社会上建构的，几乎没有什么具体的威胁。必须指出，还有几个国家——日本和俄罗斯，印度和法国也在考虑这些计划，这些计划本质上也相当于太空力量，但并没有像美国那样建立实质性的东西。事实上，与这些部队关系密切的专家，基本上把这个问题视为后勤问题。建造太空飞船没有实际动力，这些飞船将在太空作战或将武器运往太空。虽然“太空力量”这个词让人联想到太空作战的画面，但实际上这是不可能的。如果今后需要发展太空防卫力量，那么拥有专门的太空预算会更为有效。美国航天部队的计划不涉及雇用更多的人员或部队，只是重新分配现有资源。太空能力基本上仍限于卫星的双重用途，这与和平利用太空是一致的。简而言之，军备竞赛最终没有什么实质内容。

读完前文提及的文章自然而然会抛出一个问题，既然这些是以和平合作为目的发展航天力量、探索浩瀚太空的组织或团体，世界各国都可以参与进来，分享经验，获取新知识，如欧洲国家、日本、印度等等，那为什么国际空间站偏偏没有中国参与，作者也对此避而不谈。是因为意识形态不同吗？肯定不是，苏联自始至终都在参与，而且国际合作无所谓意识形态。难道是中国航天力量不足？似乎也不是，那么其原因究竟是什么？

作者一味的弱化太空竞赛，将国家与国家之间激烈的太空竞争单纯描述为社会建构，目的何在？是否是偷换概念，编制力量的重组，提升太空力量的集中性和话语权，为其游说国会，争取政治和资金支持，以有利于其军事化建设？

六、太空军将领想要制定太空规则①

如同交通规则和海洋法一样，太空军司令约翰·雷蒙德上将希望看到，随着越来越多的国家在商业和军事方面的参与，太空行动的指导方针能够建立起来。

2021 年 3 月 3 日，雷蒙德在虚拟的国家新闻俱乐部活动上发表讲话时说，目前在太空中确实没有行动准则，这就像当初荒芜的西部一样，是一片“荒野”。

太空军自建立到现在已经进入第二个年头。这个军种也已经从一个人——雷蒙德——发展到每年招募和委托大约 600 名新成员。这个最新的美国军种也一直在与美国的盟友合作，包括英国和法国，这些盟国正在建立自己的太空军。

雷蒙德表示，随着商业和军事活动的增加，太空的竞争越来越激烈。美国及其盟友还面临着一些威胁，特别是来自部分国家的威

---

① 原载于 2021 年 3 月 6 日“参考消息网”，有删改。

胁。他们正在发展太空能力和技术，就包括影响通信和全球定位卫星的干扰机、能够破坏卫星的激光器以及可以摧毁低轨道卫星的导弹等。

他说："因此，他们与我们一样，把太空融入到他们的战争与生活方式中，也将享受到很大的好处。但最令人担忧的是，他们正在发展一系列威胁，以阻止我们进入太空，阻止我们的国家和盟友实现我们从这些太空能力中获得的利益。"

在发言中，雷蒙德没有透露对卫星的攻击是否构成战争行为，但这将取决于世界形势的大局。

他说："在我看来，根本没有所谓的太空战争，这就是战争。在战争中，各国可能会选择在海上、空中、地面或现在的太空进行军事行动。因此，我认为，就像其他所有传统战争领域一样，在太空中采取军事行动只是在战略冲突中融入了更大更多的领域。"

第一个涉及太空问题的联合国条约是 1967 年的《外层空间条约》，其中包括不在太空放置核武器、月球等天体不能军事化等原则。[①] 另外 4 项联合国条约也管理着太空法，最后一项条约于 1984 年颁布。

雷蒙德说："除此（这些规定）之外，没有任何规定。我们真的相信，同时我也真的相信，需要一些关于安全和专业行动的规则。我认为我们的盟友和合作伙伴也这么想。"他表示，太空军正致力于制定在太空中作战的行动准则。太空军在以安全和专业的方式运作方面是透明的，尽管雷蒙德明白其他国家可能不会效仿美国的做法。

他说："我并不天真地认为会有一套人人都遵循的行为准则。但我确实认为，如果你愿意，制定了这些规则后，它将有助于分辨出

---

① The United Nations. Outer Space Treaty [EB/OL], 1967 [2021 - 10 - 27]. https://outerspacetreaty.org.

那些违反了规则的人。我认为这很重要。”

编者分析认为，随着各国航天力量的快速发展，雷蒙德认为美国及其盟友的太空安全受到了威胁，他首次公开表明想要制定太空准则，形成有利于自身的规则体系，争夺太空规则制定的话语权，以巩固他们在太空领域的优势地位。

七、美国将战火进一步引向太空[①]

2020 年 6 月 17 日，美国国防部公布《太空国防战略》简版报告，明确提出未来 10 年加速备战太空。[②] 该战略的意图，旨在复杂的大国竞争环境中威慑对手，与美国政府《国家安全战略》《国防战略》一脉相承，其“美国第一”“主宰太空”的霸权思维凸显。

对于决定实施这一太空战略，五角大楼给出的理由是，俄罗斯等国已将太空武器化，并将其变成了战争领域，他们正在进行反空间系统的开发、测试和部署，使美国和盟友的太空系统处于危险之中，对美国构成了巨大的战略威胁。对此，俄罗斯一位议员表示，美国实际上正在阻止俄罗斯的所有和平倡议。实质上，美国显然是在为其备战太空“甩锅”俄罗斯，并借口“俄罗斯威胁”来拉拢盟友，确保美国的太空优势地位。

基于美国政府“在太空的统治地位永不受质疑和威胁”的政策目标和“一慑、二用、三攻”太空军事目标的引领，该战略提出，将以更快速度在未来 10 年为实现太空“对美国是安全、稳定、自

---

① 原载于 2020 年 6 月 28 日《解放军报》，有删改。

② Department of Defense. DEFENSE SPACE STRATEGY SUMMARY [EB/OL], 2020 - 06 - 17 [2021 - 10 - 27] . https: //media. defense. gov/2020/Jun/17/2002317391/ - 1/ - 1/1/2020_DEFENSE_SPACE_STRATEGY_SUMMARY. PDF.

由”的理想状态创造条件，并明确了推进太空力量发展的三大目标：保持太空优势；为美国、盟国和联合作战提供太空支持；确保太空稳定性。

为实现这些目标，该战略提出四大优先领域：一是加速打造太空全面军事优势。包括加强太空军事力量体系，部署可靠太空攻防能力，创新太空军事与作战理论，强化情报指挥控制能力等。二是全力推动军事太空力量深度融入各层级联合作战。如充分发挥太空司令部执行联合与联盟太空作战职能，将太空作战行动、情报和人员融入各层级军事计划和人员中，将盟友和伙伴融入军事计划、行动、演习和情报活动中。三是塑造于美国有利的战略环境。事实上是向公众渲染日益增长的太空威胁，制定有利于美国的太空行为标准和规范。四是持续强化太空领域军政民商盟之间的合作。扩大与盟友、伙伴之间信息共享、技术共研等合作，以及充分利用商业技术进步红利等。

当前，美国已成立太空发展局、一级太空司令部，并组建“第六军种”太空军，为其加速发展太空军事力量做好铺垫。在该战略的指导下，未来 10 年美国将大力发展太空军事力量，确保全面军事优势。这将导致太空武器化步伐进入快车道，加剧太空军备竞赛，影响全球战略稳定。

八、美国制天权理念凸显霸权思维[①]

随着航天技术的日新月异以及人类太空活动的持续拓展，人类与太空之间的关系从早期以探索为主逐渐走向探索与应用并行的阶

---

① 原载于 2020 年 1 月 29 日《解放军报》，有删改。

段，太空则成为关乎国计民生、总体国家安全与大国战略博弈的重要战略领域，围绕制天权的竞争呈现加速发展、较量升级、风险蔓延等新特点。

作为世界头号强国的美国，一直重视对制天权的争夺。在很长一段时间里，美国在用的在轨航天器的规模、类型、性能等均占绝对优势，其太空系统的安全也无后顾之忧，能自然而然地实现制天权，并为其他领域尤其是军事领域赋能，实现“以天强地”的应用性目的。

随着对太空系统的愈发依赖与太空系统天然脆弱性之间、太空日益拥挤与太空资源有限之间两大矛盾日益凸显，抱守过时零和思维的美国，开始将巩固在太空的绝对优势地位作为国家战略的重要方向。尤其是特朗普政府上台后，强调所谓“美国优先”和“大国竞争”，成立太空军、制定《国防太空战略》[①] 等动作频频，彰显了“主宰太空”的霸权思维。

与制海权理论需在海上理想区域部署基地、海港以及舰艇等以发挥制海权之力量一样，在美国看来，要想真正掌握制天权，也需要在太空关键区域部署力量，以扼住进出太空之要道并能与对手抗衡。对此，美国强调跨越物理、网络和认知三大维度，举政、军、民、商、盟之力，加快重塑太空战略与太空军事力量体系。美太空军在相关文件中明确了维护己方天域行动自由、增强其他作战域行动能力、为国家提供独立选项等企图，以及轨道战、太空电磁战、网络作战、导航战、授时战等核心行动样式，根本目的是要维护己方利用太空资源的自由，阻止对手自由利用太空资源。

比如，美国下一代国防太空体系架构中极力推动的低中轨巨型

---

① Department of Defense. DEFENSE SPACE STRATEGY SUMMARY [EB/OL]. 2020-06-17 [2021-10-27]. https://media.defense.gov/2020/Jun/17/2002317391/-1/-1/1/2020_DEFENSE_SPACE_STRATEGY_SUMMARY.PDF.

星群以及商星军用等，将使成千上万颗卫星成为其实现制天权战略的一颗颗“战斗星”。平时，这些“战斗星”是实施太空交通管理的“卫星警察”，可密集甚至均匀地占据、把持、阻塞或封锁进出太空的关键通道与卫星运行的主要轨道；战时，它们则变身为遂行“轨道战”的“太空战士”，具备实施太空轨道封控战与网电侵扰战等潜力。同时，由于具备全天时无死角高精度侦察监视、低延时抗干扰大容量数据传输等核心能力，这些卫星也将成为美国未来实施以决策中心战为核心的“马赛克战”新理念的太空载体。

此外，为提升与对手在太空抗衡的能力，美国还在加快形成以反卫星通信系统、天基定向能、天基操控、地月轨道转移、月球基地等为代表的新型太空能力，抗干扰性更强的天基“通信、导航、遥感、感知”新型应用能力，先进的天域感知与指挥控制能力，强抗干扰的星间与天地链路以及强抗毁性的天地基系统等。毋庸置疑，这些将对其他国家的太空资产以及整体安全构成重大威胁与挑战。

太空是人类公域，面对浩瀚宇宙，太空应成为各方合作的新疆域，而不是相互博弈的竞技场。美国凸显霸权思维的制天权理念，必然加剧太空领域的控制与反控制争夺，严重影响太空安全与和平利用，给国际战略稳定带来新的更复杂的不确定性。

第六章　兵马未动，育人先行

一、美国太空军怎么练？——航天部队军官任职经历结构和未来培训策略[①]

陆军有麦金德的“陆权论”和斯皮克曼的“边缘地带论”，海军有马汉的“海权论”，空军有杜黑的“制空权”理论，航天部队却一直苦于没有自己的理论，发愁没有自己的思想家。有人认为没有独立的军种发展战略思想，是制约美国航天力量独立的主要因素。因为除了都需要从地面进入本领域以外，实际上，在机动方式、补给方式上航天与空军都有着很大差别。

航天力量向前发展，需要理论推动，但是思想归根结底需要靠人创造。他们从军官教育训练上下功夫，在培训战斗员的同时，也注意培养思想家。从他们近些年的计划和动作上来看，美航天力量把培养军官作为自身发展的头等大事来抓。本章分析了以往军官任职经历结构存在的本领域任职时间较短的问题，梳理了其过去通过院校和演习进行军官培训的做法，并依据近期两份向国会的报告，展望了美国航天军官院校培训、学者计划、演习训练等未来的培训策略。

① 原载于2019年12月15日“一言航天”公众号，有删改。

（一）存在的问题

1. 干部任职经历上的矛盾

从目前能公开获得的1997年以前的数据看，截至1996年12月31日，美国空军航天司令部将官履历中的太空领域服役年限比例很低。其部队服役平均年限为28.3年，其中有39%的时间在本领域（太空或导弹领域）服役。而对比空军其他司令部，他们的军官在本领域服役的时间比例为90%。而且，如果不算导弹领域，只是算太空生涯的话，将领在本领域的服役时间占其军龄比例仅为14%。

在高级军官人员构成中，有空间行动经验的人并不多。到1999年只有一名空间行动官员获得四星上将军衔——小托马斯·穆尔曼（1994—1997年担任美国空军副参谋长，其职业生涯只有不到一半的时间在太空领域）。到1998年，没有一名具有主要航天经验的高级军官担任过空军航天司令部最高领导和指挥职务。当时的司令员是一名职业战斗机飞行员，他的第一个太空任务，就是填补太空司令员的空缺。副司令是一个职业导弹军官，他的前任是一个职业加油机飞行员。作战主任和空间作战中心指挥官都是飞行员。不仅领导层如此，航天部队也是这样，由缺乏航天经验的人担任领导。第14航空队的6名指挥官中，5名来自导弹工程军官，太空履历只占军旅生涯的10%—20%。这6个小组下辖的31支行动中队中，有27个得到了数据，只有9个指挥官的主职业是空间行动军官，占指挥官总数的30%。也就是说，第14航空队的领导如果从下辖分队中随机晋升的话，只有30%左右的概率是空间行动军官。

2. 美国空军对上述问题原因的探讨

有一种解释是，与导弹和飞行军官相比，航天行动官员指挥能力较差。航天司令部1982年才成立，成立较晚，没有足够的时间来培养航天官员，使他们能够达到其他军兵种一般指挥军官的水平。

但是，那时的太空部队经历了40年的发展积累，为什么高级军官的太空经验处在一个这么低的水平。

有的人说，这是因为美国的军事太空时代正处于冷战时期，避免核战争是美国空军的首要任务，在准备或者试图阻止核战争的大前提下，太空计划并没有得到足够的资金支持。太空系统需要国家战略层面的支持，相比于空战领域投入产出比，太空领域的投入产出比没有那么大。在太空系统没有获得足够重视和充分发展的情况下，太空领域官员的晋升也没有空战领域顺畅。空军很多高级军官都是出自空战领域，必然会有一部分空战领域的高级军官到太空领域担任领导。

类似的情况也发生在其他军种。

20多年前是这样，即使时至今日在新的独立的军种成立前，我们可以判断，这种情况仍会继续，传统战争领域的军官晋升概率依然会高于寄生于其他军种的新兴领域。

高级军官很少深耕于本领域，或许会带来联合作战思想，但是这种经历对兵种建设思路和兵种理论已经产生或者将会产生多大影响，影响是利是弊，就值得思考了。

（二）空军在培训中纳入空间力量的努力

30年前，当美国空军觉得联合部队的太空知识太少的时候，他们组织了一个蓝丝带委员会，来研究太空领域将如何发展，是独立还是融合。

1989 年蓝丝带委员会提出了 27 项不同的任务。像其他军（兵）种，骑兵、空军等新生的时候一样，太空依然作为其余军种的支援和补充。27 项任务中有 4 项任务涉及增进空军内部对太空知识的了解（任务 3、任务 16、任务 17、任务 24 呼吁在空军军官中拓展空间监视知识，修订本科生太空训练计划，在军官军事职业教育中设置核心太空课程）；有 3 项涉及空间专业知识的官员职业发展，并要求在高级别官员中要有这类官员代表（任务 14、任务 18、任务 22）；其中 1 项涉及空间行动人员和空中行动人员的交叉流动（任务 15）。①

自 1991 年海湾战争以来，空军及其司令部做出了相当大的努力，以增进飞行界对空间能力的了解。从那时起，航天力量就渗透到了驾驶舱、空军作战中心，被纳入了教育课程，参与到了许多实地演习之中。

1991 年监察主任在审查执行情况时注意到，中队军官学校分配了两个小时的空间介绍入门课程。

1992 年美国空军前副参谋长摩尔曼领导的小组建议，空军应把整合航天力量作为所有训练教育项目中的基础原则，也提倡军官在空军太空司令部和其他战区之间进行交叉流动。这与 1989 年那次提议十分类似。该小组还建议建立一个空间作战中心，以迅速训练和培养作战人员新的空间能力。

1995 年兰德公司的一份报告指出，信任和空间知识可以增加战士们的信心，是将太空整合进军事行动的基础。

太空作战中心在 1997 年设立了空中行动应用课程，讲授空间系

---

① Spires D N. Beyond Horizons：A Half Century of Air Force Space Leadership. Revised Edition [M]. Alabama：Air University Press，1998.

统的能力与局限，还有如何将太空资产纳入到空中作战计划中。

1. 院校在培训中的作为

20 世纪 90 年代中后期，空间力量被包括在所有空军的军事职业教育课程体系之中。空军空间教育项目的三个主要来源（空军学院、后备军官训练团、军官训练学校）规模都不大，但是训练会在中尉们参加航空和航天基础课程时得到加强。这些课程是所有新任军官的航空航天力量基础课。4 门课 7 个小时，讲授太空历史、空间理论、空间任务和空间操作。这些课程还包括“蓝色闪电顶石”战争系列推演中的航天策划和执行。

美国空军学院的空间教育项目是这三个培训课程中最好的。在学员的军事艺术和科学研究期间，他们接受三门分别关于空间理论、空间任务和空间系统的正式课程。学员们还以“沙漠风暴”行动为例，了解太空对海湾战争的贡献。他们还明确地将空间支持整合到战区战役演习计划中。空间政策和空间法律的课程也补充在了课程体系中。1999 年夏天，该学院开设一门空间行动的选修课，培养学员空间系统的实际操作经验。

军官训练学校提供了一个 1 小时的讲座，内容涉及空间任务、空间组织和卫星系统。

后备军官训练团的项目与军官训练学校基于相同的材料，空间研究在大一和大四期间共占两节课的时间。毕业生接到任命以后，参加之前提到的航空航天基础课程。

随着航空航天基础课程的开设，到了 1998 年，军官训练学校航天力量课程由 1991 年的 2 个小时缩减为 1 个小时。虽然这时，太空力量被纳入了亚特兰蒂斯战术战争推演。

1991 年空军指挥与参谋学院设计了 45 小时的空间课程。到 1997 年只剩下有限的 4 节课关注空间领域和空间在情报、指挥、控制领域的贡献。

1989 年空军战争学院欣然接受了蓝丝带小组的建议，要求学生上一个 5 小时的太空系统讲座和 4 个小时的太空战争计划案例研究课程。到了 1991 年这些课程学时增长到了 17 小时。到 1997 年空军战争学院的太空教育课程包括 8 小时的太空部队就业；20 小时的轨道力学、空间历史、空间组织和空间支持；还有 3 门关于空间问题、空间政策、空间技术共 30 小时的选修课。有些人认为，空军战争学院的空间教育可能已经达到了“过分”的地步。①

2. 演习就是训练

曾任美国空军太空司令部司令和美国太空司令部司令艾斯特斯三世说:“如果我们不使用太空系统进行训练的话，我们就不会在战斗中真正使用它，它就会成为一个烟囱。”

空军战争学院在 1990 年第一次将太空纳入其战争推演。

1995 年空间训练设施在内华达州内利斯空军基地的空军武器学校开办。该设施将地面、空中和空间信息合并成一个连贯的图像，直接传送到战斗机驾驶室，进行红旗绿旗演习。

航天力量还在 1995 年参加了韩国的一个演习、太平洋司令部的“金色眼镜蛇”演习、大西洋司令部的 JTFX – 95 演习、欧洲司令部的“亚特兰蒂斯决心”演习、中央司令部的“流浪沙漠”演习。

作战参谋训练学院，位于佛罗里达州赫伯特基地，每年举行 4 次“蓝旗”演习，参演对象是空军指挥官和他们的作战参谋。学校将航天力量注入国家战争推演系统模型之中，该模型模拟国家监视资产并生成报告供参与者进行分析。一支太空支援队被部署到“蓝

① Spires D. N. Beyond Horizons: A Half Century of Air Force Space Leadership. Revised Edition [M]. Alabama: Air University Press, 1998.

旗 95 – 4”演习中，支援第八空军指挥官。该部队为战区导弹预警、规避卫星侦察通知、全球导航系统任务规划提供模拟数据。1998 年该学院参加了一场包括作战和战略决策的综合战争推演。一个单独的空间单元支持 10 个同时进行的、相互独立的战争推演。

1996 年另一个团队在日本支持“渴望边缘”演习，在作战计划和作战单元中加入了空间位置。1996 年国家侦察局参加了大约 80 次演习，支持联合司令部和各军种的用户。

位于阿拉巴马州麦克斯韦尔空军基地的空军战争推演研究所，是空军军事职业教育战争推演和高级军官战争推演的中心。在中心的军事演习中加入太空元素是一个教育的过程，目的是让大家对太空在军事行动中的作用有一个概念性的了解。他们整合计算机生成的可视化工具，参与者可以看到卫星星座的行为，并将天气、遥感图像、情报纳入空中作战计划的过程。该研究所为 6 所高级兵种院校提供陆地空中海洋联合情况模拟。研究所用蓝军空间单元直接链接第 14 航空队的空间作战中心，来参与现实空间活动。

1997 年战争推演研究所举办了一场名为“全球参与”的联合将官作战推演，设置的场景发生在 2012 年，其中内容包括激光反卫星武器和卫星干扰。1997 年中，空军太空司令部在科罗拉多州斯普林斯设立了空间作战实验室，来实现作战思路向作战试验的转变，由成功的试验向作战能力的转变。

不论是在日常空中和空间行动中，还是在军事职业教育的课程中，抑或是在演习的参与中，空军都一直致力于整个军种加强对空间知识的了解和理解。

3. 这些做法的效果

按照 1989 年的蓝丝带小组的建议，空军执行了一个中央管理的军官交叉流动的方案，将空间行动军官和飞行人员交叉任职。到

1991 年，这个计划的执行已经举步维艰。由于缺乏明确的职责和目标，分配给 8 个指挥部的 18 名太空军官对自己的职责没有信心，他们感觉被航天司令部抛弃了。

航天融入联合作战的过程有些操之过急，交流任职的太空军官在新部队中找不到自己的位置，这并不是靠一两个嵌入任职的军官就能带动的。

1993 年，查尔斯霍纳将军（曾任美国中央司令部空军最高指挥官、空军太空司令部司令、美国太空司令部司令）说，太空人员需要成为作战指挥部的工作人员，以便向那些投掷炸弹的人宣传太空意识。约瑟夫·罗尔斯顿将军（曾任空军空中作战司令部司令，后升任四星上将）在 1996 年说，这就是我们为什么在空军武器学校加强训练，这样太空操作者就可以处在我们的战斗机部队、空运部队、轰炸机部队之中……我们是团队中的团队。1997 年威廉·琼斯少将（曾任第 14 航空队司令）说，现在空军空间合格人员的轮换和一体化必须被视为空军人员管理的一个基本要素。①

美国最高空军战略学府——高级空中力量研究院每年至少招收一名空间操作员，但是教育不等于经验。

空军武器学校的空间部每年通过严格的课程培训，培养大约 16 名空间操作员，但是课程中充斥着空军力量研究和飞行任务。航天专业的毕业生在战斗计划和战斗行动单元工作，在归太空司令部调遣的空军太空支援队工作。到 1998 年为止，该项目的反馈是积极的。很多空军部队司令员向武器学校争取更多的空间专业毕业生。但这毕竟还是少数，今后还要加大航天官员获得空中作战经验的机会。

---

① Spires D. N. Beyond Horizons：A Half Century of Air Force Space Leadership. Revised Edition［M］. Alabama：Air University Press，1998.

荒废了主业的太空军官很受其他兵种欢迎，因为他们能带过去一些经验，虽然作用也十分有限，但是毕竟能打开视野，开拓思路，为其他兵种建设做出新贡献。

（三）航天部队成立后怎样搞军官培训

在 2018 年 8 月国防部向国会的报告和 2019 年 4 月空军向国会的报告中，有以下几个方面涉及未来的太空军官培训。目标是提升空间人员的数量和质量，以满足美国太空司令部和其他作战任务的需要。

1. 院校课程

国防部将建立人力资本开发流程，包括更新所有军校、联合学校的课程，确定额外的教育战略，以确保联合太空作战人员的有力供应。例如将空间功能和需求集成到所有需要的高级军事领导课程；在太空作战人员的初级（本科）培训中，提升严谨性，丰富内容，来满足对正在出现的对国家太空安全挑战的需求。新计划于 2019 年 10 月 1 日开始，包括额外的 34 天涵盖不断发展的太空威胁和美国更深层次的回应方面的培训。

2. “施里弗”学者

空军正在通过空军司令部和参谋学院的“施里弗”学者项目培养一批核心的战略太空领导者。不同于前面提到的高级和本科培训，这个面向级别较低的校官的新计划目的很明显，就是瞄准未来太空竞争领域储备战略中坚人才。它不拘泥于甚至不涉及操作和技术层面。它的课程覆盖面很广，包括太空史、政策、战略和宗教。该计划还提供了前所未有的与高级国防部官员和高层决策者接触的机会，包括与白宫、国务院、商务部、交通部以及美国国家航空航天局的代表接触，拓展视野，提供人脉。第一批 13 名学生已于 2019 年 6 月毕业，并将作为确保美国在未来几十年在太空领域的优势的下一代中坚力量。

3. 高级太空作战学校更名为第 319 战斗训练中队

2018 年 8 月将高级太空作战学校和空军其他 16 个有类似训练任务的战斗训练中队正规化，空军太空司令部重新指定高级太空作战学校为第 319 战斗训练中队。作为一个战斗训练中队，这个单位将通过例如“太空旗帜”等演习，为真正的太空专业人士在竞争日益激烈的太空领域开展真实行动做准备。第 319 中队将为战术单位提供训练，目的是培养具有批判性思维、掌握武器系统以至能够在任何层次的冲突中战斗的作战人员。

4. 模拟训练和演习

他们还计划扩大作战培训基础设施，营造一个相关性更强的、包括多域命令和控制方面的、允许武器系统和作战人员以一种高度动态具有显著威胁的真实方法进行合作。空军已经批准拨款 7480 万美元，以推动太空训练模拟器沿着这些路线发展。

“太空旗帜”是空军太空司令部首要的域内太空保护演习。2019 年美方已经将这种高级训练增加至一年 3 次，为太空作战人员提供在有针对假想对手的竞争性的、低级的和行动受限的环境中策划并执行的经验。“施里弗”演习转为了新成立的美国太空司令部牵头，2019 年 9 月的“施里弗”演习模拟了美方遭遇自己最先提出的多域战。

（四）展望

由前文可见，美军的历史上，有太空军官融合培养的教训，也有利用院校和演习练兵的经验。新的做法到底能不能为美航天部队未来发展储备人才？能够培养多少人才？培养出质量怎样的人才？虽然目前没有实战可以检验，但是不排除他们会制造情况来检验。提高警惕，未雨绸缪，培养人才，才能有备无患。

二、设置后备军官训练团为美国太空军培养军官的大学①

（一）后备军官训练团（ROTC）设立的背景

ROTC 即 Reserve Officers Training Corps 的英文缩写，意为（美国）后备军官训练团，其最早的雏形于 1888 年在北达科他大学出现，而今天我们所探讨的后备军官训练团成立于 1918 年 4 月。1946 年，空军后备军官训练团成立，美军自此同时拥有了空军和陆军后备军官训练团。

说起孕育美国军官的摇篮，人们通常会想到西点军校。然而，从培养军官的数量来看，设立在地方院校中的后备军官训练团才是当之无愧的第一名，说它是活力之源也不为过。据统计，美军现役部队中约 30% 的将军和 40% 的校、尉级军官都是经设立于地方院校的后备军官训练团培养起来的。而西点军校、海军军官学校、空军军官学校等院校，每年培养的军官数量之和不及美军每年新任命军

① 原载于 2020 年 2 月 10 日“一言航天”公众号，有删改。

官的 15% 。

后备军官训练团的学制一般为 2—4 年，制定有严格的教学大纲，这一点与高等院校吻合。培训期间，每周训练 3—4 小时，每学期训练 6 周，训练时间共 480 小时，4 年必须接受最少 2000 小时以上的训练，包括初级军官职责、分队战术、射击、野外生存等必要内容的军事训练。教学具有以下特点：

1. 侧重于发展学员的领导能力和实际工作能力。因此，野战训练和专家讲授的军事技术课尤为重要。

2. 专业技术训练的针对性强。通常以部队现有和近期可能发展的新装备为技术训练课目，并有计划地定期组织到部队见习教学。

3. 学员必须着军服上军事课或进行军事训练，教育训练与管理参照各军种正规院校（如西点军校）的方式方法进行。

4. 训练采用分散和集中相结合的方式。分散训练一般安排在周末进行，每年再利用学生假期在现役部队或训练中心进行一到数次野营训练。

（二）为美国太空部队培养军官的大学

纵观设立 ROTC 的高等院校，在全美高校航空航天专业排名第一的是麻省理工学院，排名第二的是加州理工大学，其综合排名分别为第三名和第十二名。据调查，航空航天专业排名靠前的不乏世界名校，包括普林斯顿大学、哈佛大学、哥伦比亚大学、宾夕法尼亚大学等，其学校整体影响力与综合实力也在世界前列。可以说，航天航空专业作为科学研究理论与实践的集大成者，其专业实力在一定程度上能反映出该校的综合实力，但有些综合排名靠后却以航空航天专业为特色的大学也不容小觑。拿弗吉尼亚理工学院来说，综合排名第 74 名，其航空航天专业排名第十三名。弗吉尼亚理工学院设立的后备军官训练团拥有悠久的历史和卓越的成就，为美国培养了众多将军。其中有 7 位校友获得过荣誉勋章，仅次于美国陆军学院（西点军校）和美国海军学院，与得克萨斯农工大学并列第三。校友包括 Lance. L. Smith（美国空军上将，美国联合作战司令部指挥官）、Thomas. C. Richards（美国空军四星上将，美国驻欧洲军事副总指挥）、Walter. D. Druen. Jr（美国空军中将）、Joseph. G. Wilson（美国空军中将）等。

（三）后备军官训练团（ROTC）培养出许多高级军官

美国 ROTC 制度推行迄今，培养出了许多国防高级人才，是重要的军事资源库。

1. 梅里尔·麦克皮克上将（Merrill. A. McPeak）

梅里尔·麦克皮克上将，美国空军参谋长，是当年 ROTC 的优秀成员。原为美军太平洋空军总司令，于 1990 年 10 月 30 日成为第 14 任空军参谋长，任期 4 年直至退役。

2. 迪安纳·伯特将军（Deanna. Burt）

现任美国太空部队作战和通信主任的迪安纳·伯特将军，是恩布里－里德尔航空大学空军后备军官训练团项目的杰出毕业生，于 1991 年进入空军。曾任职于空军太空司令部和美国欧洲司令部，进行诸多卫星操作和参谋。伯特将军指挥过第二太空作战中队、第 460 作战小组和第 50 太空联队。她是美国空军武器学院的毕业生和前讲师，也是高等空天研究院的毕业生。她曾担任美国内华达州内利斯空军基地作战中心的副指挥官，现任美国太空军作战司令部副指挥官。

3. 克林顿·克罗泽少将（Clinton Crozier）

克林顿·克罗泽少将，现任美国空军总部负责战略、一体化和需求的副参谋长，他曾就读于爱荷华州立大学，并获得过空军后备军官训练团奖学金。在获得航空航天工程学位后，于1988年被任命并进入空军。作为副手，克罗泽将军受空军部长和参谋长指挥，负责制定空军战略和多领域作战概念，集中设计进行整合，验证和优先考虑基于作战能力的要求，以实现国防目标，并向作战人员提供及时有效的信息。另外，克林特·克罗泽少将还一直领导太空部队规划小组。

三、美国空军学院增设“太空作战”课程①

2020年6月5日，美国空军学院公共事务部门发布新闻《获得“太空感”：学院为学员增加太空作战课程》，公开了学院新动向：“美国空军学院的学员们将看到他们的课程表中增加了一门新的辅修课程：‘太空作战’。本月早些时候，学院董事会批准从2019级开始，强制增加一门名为‘太空作战’的辅修课程”。

文章中威克特上校提到太空时，称其“现在是一个极具争议的环境”，美国国防部在2020年6月17日发布的《国防太空战略》也将太空系统作为“潜在的攻击目标”，而新开设的课程将会“给他所在系的工程专业提供新的解决问题的机会”，这与《国防太空战略》中美方对中俄太空威胁表露出的关注态度相一致。与2018年3月特朗普政府公布《国家太空战略》提出强化太空威慑与作战能力，

---

① 原载于2020年6月19日“一言航天”公众号，有删改。

从而实现其“太空领导地位”等事件相联系，不难窥得“美国优先”的全面战略正在太空领域展开。2019 年 8 月，特朗普宣布成立太空司令部，表示“太空在美国国家安全和国防中处于中心地位”，要确保美国“在太空的统治地位永不受质疑和威胁”。[①] 后续成立太空军等一系列动向已经让我们发现，美方建立太空军实现了有效集中各军种的太空力量和资源，从而大大加快了美国太空军事化的节奏。教育领域的动作同样与美方试图重塑太空技术与太空经济秩序的强烈需求相统一。

宇航学负责人卢克·索特上校对美国空军学院有这样的评价：“是一个培养对太空具有更好的操作性和战略性理解的军官的理想机构。”美国军官的教育体系由三个彼此独立又互相联系的部分组成：学术学位教育、职业军事教育和继续教育，分别属于学历教育、职业教育与短期培训的范畴。一个显著特征是：军官教育由各军种负责，不同军种互相独立，但各军种的教育体系基本相似。

美国空军作为此前最后一个独立的军种，成立时间相对较短，但却比其他军种更为重视军官的教育。陆、海、空三军中只有空军成立了统一的教育管理机构——空军大学，特别是美国空军高等教育成绩显著，空军军官中拥有高级学位的人员比例远远高于其他军种。

下面结合美军长期动态，浅谈其教育模式的几点特征。

第一，坚持了军事在军事院校发展规划中的关键指向性地位。从美军军事院校的改革中，我们发现其在教育上的动作明显有出于军事战略考虑的动机，具有较强的指向性与功能性。从而认识到，美军军事院校明确了将服务军队需要作为存在的首要理由，强调协

---

① ROBERT BURNS. Trump declares new Space Command key to American defense [EB/OL]. 2019-08-30 [2021-10-29]. https://apnews.com/article/air-force-donald-trump-ap-top-news-politics-19f021f991844b348dc716f6f8851f7c.

调好强化军事特色与提高院校理论深度之间的关系，在追求学术水平的同时守住了自身的军事特色。

第二，关注并有意识解决军队当前需要与长远需要之间的矛盾。太空领域风起云涌、潜力巨大，美军增设“太空作战”课程着眼长远，“太空力量从空军萌芽”，在最大化吸收现有培养体系优势的同时，也有利于为太空领域的未来培养具有职业发展潜力的高素质人才，更好地满足美军的长远需要。

第三，统筹规划、试图协调好军官个人需要与军队整体建设需要之间的矛盾。美军引入“太空”这一新的教育重心是太空战略发展的需要，这项举措同时也有利于提高人才素质、培养军官个人的职业发展潜力，有意识地在协调个人能力提升需要和军队建设需要之间的关系，或许能使军官教育与军队建设呈现互为助力的良性态势。

四、美国空军学院两年培养计划中的航天专业对比分析①

美国空军学院2020年公布的培养计划，相较前一年并无太大的改动，但值得关注的是，新培养计划中出现了一门新设立的专业课程——卫星通信，具体介绍如下：

本课程探讨卫星如何使全球通信网络成为可能。学员们会学习几种调制和编码技术以及提供多线程存取的技术。他们将研究天线设计和基于轨道几何的星下点轨迹。这门课还将讨论国际通信频率

① 原载于2020年7月8日“一言航天”公众号，有删改。参考美国空军学院官网相关地址：https：//www. usafa. edu/academic/space – operations。

的管理，并了解空军如何提供在窄频、宽频上的服务以及保护卫星通信频谱。学员们将了解到卫星通信使用的普遍观点，以及敌对系统如何干扰卫星通信能力。课程还包括与施里弗空军基地和彼得森空军基地的卫星通信部门进行操作演练，最后会进行结课设计或者期末考试。

该课程的先修课程有航天工程 310 和电子与计算机工程 315，课程时长为 3 个秋季学期和 3 个春季学期。

看上去，新的培养计划只是简单的增加了一门新的专业课程——卫星通信。但 2020 年 5 月，X－37B 空天飞机在完成了 5 次飞行任务后，再次通过美国太空部队招募的广告片回到了公众的视野，随后同月 17 日，它又进行了自己的第 6 次任务。此次飞行，X－37B空天飞机部署一颗小型卫星 FalconSat－8（“猎鹰 8 号”）进入轨道，该卫星由美国空军学院开发，携带 5 个试验有效载荷。结合 X－37B 的第 6 次任务，这样看来，“猎鹰 8 号”小卫星应该会是美国空军学院航天相关专业课程中不可或缺的教育平台。

五、美国空军大学高等空天研究院的太空课程 Syllabus 介绍[①]

《2020 财年国防授权法案》签署后，美国太空部队由于规模很小，将会无限期地继续依靠空军来提供保障和日常管理职能。[②] 太空部队的确在短期内很难成立自己的院校，因此也将依靠原军种院校

① 原载于 2020 年 3 月 2 日“一言航天”公众号，有删改。参考美国空军大学高等空天研究院官方网站：https：//www. airuniversity. af. edu/SAASS。

② The 116th Congress. NATIONAL DEFENSE AUTHORIZATION ACT FOR FISCAL YEAR 2020 [EB/OL]. 2019－12－20 [2021－10－29]. https：//congress. gov/116/plaws/publ92/PLAW－116publ92. pdf.

培养学员，其他军种所属军事院校的毕业生将允许到太空部队服役。

（一）美国空军大学高等空天研究院概况

美国空军大学高等空天研究院是立足培养美国空军战略家的研究生院，有30年历史，培养了千余名学生。它的学员是从中级军官中精心挑选的，目标是完成声称的“国防部最严格的战略研究项目”。

其课程的核心是为期一年的哲学硕士（军事战略）学位。对其优秀毕业生中的精英，学院还提供哲学博士（军事战略）学位。学院的研究重点不是军事行动本身，而是军事和安全领域人员与决策者在政策、外交、国际关系、地缘政治以及军事和政治理论问题上的战略互动关系。简而言之，是将美国空军的飞行、太空、网络军官培养成国家层面的战略家。

其课程目前时长为48周。每年一般招收不超过38名空军现役军官；陆军、海军和海军陆战队最多有3名联合军种军官，空军预备役最多有2名军官和几名应美国空军参谋长邀请来的盟国军官。总入学人数通常不超过45名学生。其课程旨在实现两个主要目标：一是通过学习广泛的理论和历史经验，提高学生批判性地思考空军和战争的能力。二是培养学生有效并负责任地讨论空军力量的能力。

符合高等空天研究院录取条件的申请者，还可以选择申请加入空军的“战略思想者计划”。该计划是国防部和约翰·霍普金斯大学的合作项目，完成学业者可以获得约翰·霍普金斯大学的国际公共政策硕士学位。

（二）高等空天研究院课程设置

4 学分的军事理论基础。

3 学分的战略基础。

4 学分的空军历史 1：全面战争时代的空军。

4 学分的空军历史 2：有限战争时代的空军。

4 学分的国际政治基础。

4 学分的从战略到现实。

3 学分的非常规战争。

3 学分的科技与军事进化。

3 学分的太空力量。

3 学分的信息、网络和网络力量。

7 学分的论文。

4 学分的综合考试。

（三）Syllabus 的含义和功能

Syllabus 是国外高校实行的一种教学管理文件。在汉语里目前没有一个意义完全对应的词汇。有的人将其翻译成“课程教学大纲”（陈忠暖，2000），或“课程教学计划”（冯源，2006），或“课程实施大纲”（叶颖，2013）。它相当于国内高等教育中课程教学计划、教学大纲、授课进度计划等课程文件的综合体，并发放给学生。

它强调服务、方便学生，公平公正、便于监督，重视效率、有法有序；也有人将其视之为教学双方的“教学合同”（吴绍春，2001）。因为 Syllabus 主要是教学双方对话的一种方式，是教师对教学目标与任务的公开承诺，也是在自愿的原则下约束学习者完成学习任务达到教育者目的的一种手段。

Syllabus 的基本内容包括：课程名称、讲授时间、地点、选修课程要求、任课教师信息、助教信息、辅导答疑安排、课程目标、学习要求、授课进度安排、考核与成绩评定方法、课程指定教材、参考资料或建议阅读书目。它形式活泼、内容多样，着重发挥师生的个性和强调教与学的沟通。

（四）太空相关课程 Syllabus 情况

现以目前能得到的最新的 2019 年 2 月版的“太空力量”课程 Syllabus 为例进行分析。

这是一门以空间力量为背景的渐进式战略课程，从冷战背景讲起，涉及国际政治中国际合作理论、现实主义地缘政治理论，考察商业和军事部门之间的相互作用，讨论美国的太空政策和战略。教学形式主要为阅读与讨论，穿插一次去佛罗里达州太空海岸地区（卡纳维拉尔角、梅里特岛、帕特里克空军基地）的现地教学。

课程负责人为德里克·弗雷泽（Derrick Frazier）博士。授课教师还有克里斯蒂·洛温塔尔上校（Col Kristi Lowenthal）、斯蒂芬妮·凯利上校（Col Stephanie Kelley）。

期末成绩将基于研讨课的参与程度和两份小论文作业。参与研讨课的分数占期末成绩的 40%；两篇论文各占期末成绩的 30%。研讨重质量轻数量，论文要求 12 点字体且每篇不超过 3 页纸，从发布论文选题参考到提交论文只有 4 天的时间。

目前 Syllabus 要求的这些阅读材料应该是最晚为 2017 年确定的。包括：马修·布热津斯基的《红月升起：人造卫星和点燃太空时代的隐性竞争》，克里斯托弗·达文波特的《太空男爵：埃隆·马斯克、杰夫·贝佐斯和探索宇宙殖民》，埃弗雷特·多尔曼的《天体政治：太空时代的经典地缘政治》，理查德·伊斯顿和埃里克·弗雷泽的《全球定位系统解密》，琼·约翰逊·弗里斯的《21 世纪的空间战争：把上天武装起来》，约翰·克莱恩的《太空战：战略、原则和政策》，史黛西·索洛蒙的《中国的太空战略》。

具体课程安排如下：从 2 月 25 日开始，共有 11 课（含现地教学），相对集中，3 月 12 日结束。

1. 第一课 太空竞争一：美国对苏联（2 月 25 日）

阅读材料 1：马修·布热津斯基的《红月升起》（2008）。

思考 1：苏联采用了什么方法来克服技术困难？这些方法与美国有什么不同？苏联的中央计划经济是如何阻碍或帮助先进技术发展的？空间竞赛是如何从洲际弹道导弹发展这个问题演变而来的？我们能或应该从这一演变中学习什么？为何美国政府内部对空间应用效果的解释如此不同？为什么美国空军低估了导弹相对于载人轰炸的重要性？冷战开始时，这一立场对美国能力的发展有何影响？什么样的伦理困境或文化障碍限制了冯·布劳恩和他的科学家团队？在当前的环境中，你有没有看到任何关于美国和中国的故事？如果是这样的话，可以吸取哪些教训？

阅读材料 2：联合国《关于各国探索和利用包括月球和其他天体在内外层空间活动的原则条约》（又称《外空条约》，以下简称《条约》）。

思考 2：《条约》禁止什么？不禁止什么？《条约》中有多少模糊之处？这种模糊性对未来在空间问题上的合作有什么影响？

2. 第二课 太空领域的重要性（2 月 26 日）

阅读材料：理查德·伊斯顿和埃里克·弗雷泽的《全球定位系统解密》（2013）、国家空天情报中心的《太空竞争》。

思考：全球定位系统的历史和发展告诉我们军事和民用部门之间的关系是什么？如果全球定位系统是免费的，所有人都可以使用，为什么其他国家有兴趣开发自己的 PNT 系统？如果我们失去了依靠全球定位系统的能力，会发生什么？全球定位系统的出现是如何让新一代思想家和创新者以对安全和繁荣有利也有弊的方式利用空间的。《太空竞争》描述了一个拥挤的、有争议的、互相竞争的太空，这跟你对当前太空情况的理解有什么不同。

3. 第三课 空间理论一：合作与庇护（2 月 28 日）

阅读材料：卡珊德拉·斯蒂尔的《全球公域，宇宙公域，外层空间的军事应用和安全利用》（2017）、彼得·范尼斯的《现在是签署禁止太空武器条约的时候了》（2010）、卡尔·赫伯特的《太空武器的管制：确保外层空间的稳定和持续使用》（2014）、劳拉·格雷高的《太空安全：利害攸关的是什么？我们如何前进?》（2011）、《欧盟外层空间活动国际行为守则（草案）》（2014）。

思考：斯蒂尔的文章指出了重返太空进入全球公域的必要性。为什么这很重要，她提出了什么论点？军事化如何影响空间作为避难所的想法？范尼斯和赫伯特认为，武器管制或禁令对于保持空间自由使用至关重要。在什么背景下，他们的论点可能有价值？为什么阻止太空军备竞赛和更公开的军事化为时已晚？格雷高指出，如果没有更强有力的法律和规范制度来跟上空间活动，将对所有航天国家产生重大影响。如果在空间领域没有更强有力的监管，军事化、商业化和探索还有足够的空间吗？怎么会这样？如果没有各国应该优先考虑什么？为了维持太空的稳定各国需要遵守什么样的行为准则？欧洲联盟提出的行为守则草案如何使我们更接近空间的稳定并使它成为庇护所？如何才能让更多的航天国家接受这样一个准则？

4. 第四课 空间理论二：制高点和优势（3 月 1 日）

阅读材料 1：多尔曼的《天体政治》。

思考 1：多尔曼的论点遵循地缘政治现实主义逻辑。多尔曼描述的世界和你自己的评价一致吗？多尔曼的基本论点在各个领域都有效吗？鉴于你对现实主义弱点的了解，对于在太空中追求一种更具攻击性的方法，你有什么顾虑？这是公平的吗？最后，尽管多尔曼的论点已经引起了太空专业人士的极大关注，但在这一点上，此时是否有可能与其他太空强国合作呢？如果不是，当涉及到同行竞争者时，我们从把空间视为“制高点”的观点中获得了什么知识？

阅读材料 2：马克·哈特的《对太空力量的十条提议：一个太空部队的黎明》（2006）。

思考 2：哈特的文章指出了这样一个事实，争夺制高点通常是发展太空力量的基础。太空力量给一个国家的整体能力能带来什么？他的“命题”如何让我们得出结论，一个独立的空间力量是不可避免的？现在考虑一下“太空力量”的概念和占领制高点的概念之间的潜在关系，哈特是如何把这些想法结合在一起的？

5. 第五课商业空间一：私人太空竞赛（3 月 4 日）

阅读：克里斯托弗·达文波特的《太空男爵》。

思考：政府不太可能把特斯拉送上太空，但马斯克和贝佐斯的这种行动显示了美国作为太空强国的思维和创造力。正如达文波特所言，他们的目标是建立一个能够将人类带离地球的太空企业。当考虑到这些太空先驱时，很多问题出现了。进取的个人或组织需要哪些类型的性格特征来打破空间领域的障碍？不仅仅包括这些企业家，还有像冯·布劳恩和科洛列夫这样的早期太空先驱。从军事空间的角度来看，国防部能从内部培养出这样的人吗？还是美国军事空间的未来需要借助民营部门的成功？如果是，美国在这方面与其他国家相比如何？与更结构化的政府方式相比，这些企业家创造的成功和冒险的环境更好吗？如何处理商业和军事空间之间的关系，对于美国保持其太空优势有何裨益？最后，军事空间和商业化之间的利益冲突呢？它们可能是什么样子，我们如何有效地解决它们？

6. 第六课 商业空间二：国有企业对私营企业（3 月 5 日）

阅读材料：美国联邦航空局的《2018 商业空间运输年度概要》，纽勒夫·埃里克森、林迪和约翰埃里克森的《超越全球的治理：谁控制了外星人》（2013）。

思考：参观商业太空实体将我们引向发射能力和未来太空管理的问题。现有的不同平台，以及它们如何一起降低发射成本。除此之外，量产小型卫星的使用，你会有一种在太空领域开始新篇章的感觉。这一章看起来像什么？新角色的加入如何使太空的未来变得复杂？空间管理将会如何改变。这对思考战略有什么影响？私人角色和公共角色的问题再次出现。一个战略家在考虑太空领域的安全问题时，如何考虑私营企业的作用？问题和答案的类型与其他领域相似，还是有显著的不同？问责制和责任呢？这些是如何识别和执行的？

7. 第七课 现地教学日（3 月 6 日）

8. 第八课 空间理论三：领域类比（3 月 7 日）

阅读材料：约翰·克莱恩的《太空战》，伊丽莎白·门登霍尔的《把外层空间当作一个领域：拒绝和其他领域类比的理由》（2018）。

思考：空间力量理论化的一个方面就是我们如何思考空间这个抽象领域。一种常见的方法是将空间与其他域进行比较。克莱因的书代表了最常见的努力之一，在海洋和空间之间做了类比。在阅读这篇文章时，考虑一下作者论点的一般逻辑，也考虑一下这个类比如何适用于各种政策处方。以这种方式对待空间，我们错过了什么？我们从其他领域的思想中获得了什么好处？门登霍尔认为这种方法充满了问题。为什么空间不同于其他领域？没有类比，一个人如何发展空间力量理论，以及随后准备在该领域战斗的方式？这些对立的观点是如何说明太空界在从战争角度思考这个领域时面临的明显困难的？

9. 第九课 美国的战略和政策（3 月 8 日）

阅读材料 1：《美国国家太空战略》（2010），《美国国家安全太空战略》（2018），道格拉斯・洛夫罗的《为什么美国需要一支太空部队》（2018）。

阅读材料 2：埃尔布里奇・科尔比的《从避难所到战场：美国太空防御和威慑战略框架》（2016）。

阅读材料 3：特里萨・希钦斯和琼・约翰逊的《走向新的国家安全空间战略：战略再平衡的时间到了》（2016）。

思考：随着课程接近尾声，我们最终将注意力直接转向美国的太空战略和政策。我们把这个讨论保留到现在，是为了让你们能够把我们之前讨论过的空间的各个方面带入辩论。本质上，了解美国当前的太空战略和政策是一回事，然而能够对其进行批判却是另一回事。后一个目标是我们在本次研讨课上寻求实现的。

思考 1：尽管特朗普政府在 2018 年发布了新的 NSSS，但奥巴马政府的 2010 年 NSP 仍然有效。它们是如何结合在一起的？鉴于该战略的建议，新的空间政策可能会受到什么影响？国家一级的空间战略和空间政策之间似乎有什么关系？鉴于你在实地研究中观察到的情况，还有什么遗漏吗？至少对特朗普政府来说，有一种可能性是太空部队。洛夫罗的文章提出了许多人提到的一些理由，说明为什么太空部队是有意义的。你同意他的逻辑吗？他省略了哪些假设？这与赫伯特早期的说法相比如何？

思考2：随着空间领域的发展和挑战性质的变化，科尔比的文章让我们思考美国的太空结构应对挑战和威胁的策略。他的基本论点是什么？他做了什么假设？他的建议有多少可行性？他提出的行为准则与欧盟的提议相比如何？从其他行为者的角度来看，遵循他的建议有什么战略意义？

思考3：希钦斯他们提出了一个论点，即美国需要改变政策和战略方向，以更好地保持在太空领域的优势。他们的“积极预防”与美国目前的太空策略有何不同？这一战略以何种方式利用更“整体政府”的方法在太空中获得成功？这种方法有什么局限性？

10. 第十课 太空竞争二：美国对中国（3月11日）

阅读材料1：索洛蒙的《中国的太空战略》。

阅读材料2：张宝辉（音）的《美中空间关系中的安全困境》（2011）。

阅读材料3：维迪亚·瑞迪的《美中空间合作：美国国会和总统之间的平衡行为》（2017）。

思考：太空领域的竞争始于俄罗斯，或止于中国。对一些人来说，中国的太空活动代表着对美国安全的独特威胁。其他人将中国的行为视为争夺全球影响力的更大竞争的一部分。无论如何，很难说美国和中国在决定全球民用空间未来方面没有处于十字路口。作为一名战略家，要想了解美国在太空中面对中国的情况，就需要评估中国的活动在与美国更宏观的关系背景下意味着什么。此外，这意味着当涉及美国和中国太空冲突时，如何管理期望和决心。

思考1：索洛蒙的书让我们深入了解了中国的太空战略，并与希钦斯的文章呼吁产生了共鸣，即把竞争对手的太空目标视为建构己方战略的重要一环。这种方法取代了简单的基于能力的规划。索洛蒙能让我们注意到什么样的观点？你认为这些观点在当前美国对中国的看法中是缺失的吗？如果这种观点与主要决策者不一致的话，那会要求美国人重新考虑我们对中国在太空领域意图的理解吗？在理解中国的太空战略时，我们投射出的是自己怎样的偏见和思维方式呢？

思考2：张宝辉的文章如何适洽这种讨论的？你如何描述中美在太空中存在的安全困境？在试图缓解安全困境时，哪些因素最重要？哪一种力量更处于不利地位，它是否与所感知的困境有关？如果从中国的角度来看，美国能否在保持自身安全的同时，采取行动帮助解决中国的安全问题？军备控制的前景如何？

思考3：最后，缓解安全困境的一个方法是各国合作。瑞迪的文章说明了与中国合作的困难，以及从政策制定的角度来看，国会和行政部门之间的权力分享在短期内可能会使合作变得困难。从美国空军甚至新的太空部队的角度来看，促进与中国在太空领域的合作会有什么好处？这在哪些领域可行？回顾商业空间的讨论，这可能是一个可以缓解安全困境的合作领域吗？怎么会这样，为什么不呢？在思考这些问题时，不要只关注中国“需要”做什么，也要关注美国能做些什么来促进太空更好地互动。

11. 第十一课 太空战（3 月 12 日）

阅读材料 1：荣格 · 汉德伯格的《太空战能避免吗？探索可能性》（2017）。

阅读材料 2：琼 · 约翰逊 · 弗里斯的《21 世纪的太空战争》。

思考1：尽管人们知道空间冲突对各方都有很大的损害，但在轨道上拥有重要能力的国家不得不考虑如何保护它们，进而如何抵御潜在对手的能力。汉德伯格探索了当前时代太空战争的可能性，认为自从美国和苏联早期追求“武装天空”以来，已经发生了很多变化。如今太空领域有多种角色，这使得有效制定太空军事行动战略变得非常困难。随着技术能力的不断提高，当前的环境下预测任何一个试图对抗他人的参与者的行为是十分困难的。这些因素如何为冲突创造条件？多重角色如何减少冲突的可能性？汉德伯格为我们理解太空中的冲突可能涉及什么以及为什么会发生提供了什么？

思考2：我们以约翰逊·弗里斯的书结尾，该书清晰地阐述了美国政策的目标和理论基础。正如你会注意到的，她认为当前的战略和政策方法有相当大的缺陷，特别是当它们涉及减少冲突的可能性时。在她提供的证据下，她的论点如何成立？你会如何将她的观点与我们目前读到的其他观点进行比较和对比，比如多尔曼？考虑到她对美国太空战略和政策的历史发展的讨论，如果她是对的，美国什么时候能改变它的道路？大幅改变方向是否为时已晚？美国在制定下一个空间战略和空间政策时应该从这里开始？尽管这很可能会导致我们在之前的研讨会上对政策和战略的讨论产生共鸣，但还是要从更广泛的理论、战略和政策角度来考虑美国的政策。一切是如何联系在一起的？美国在未来太空领域的安全前景如何？假设地球上没有发生大的背景改变，战略家们在讨论太空战争中获得了多少好处？这对你意味着什么？

六、美国太空军拟进行人事改革以吸引科技人才①

2020 年 8 月 20 日，美国太空部队副司令大卫·T. 汤普森中将

① 原载于 2020 年 8 月 25 日“我们的太空”知乎，有删改。

(Lt. Gen. David T. Thompson) 在国防工业协会的虚拟太空作战工业论坛 (the National Defense Industrial Association's Virtual Space Warfighting Industry Forum) 上发表讲话时表示，太空军正在寻求创建一项“21 世纪人才管理和人力资源战略”，以吸引更多的技术专家加入。汤普森说，美国太空军需要填补软件开发、信息系统和网络安全等领域的技术职位，并正在考虑其他招募策略来吸引人才，以便接触到那些超越“目前你能在军队中找到的传统类型的人才”。[①]

他说：“我们有机会迈出一小步，在不同的地方找到一种新的与众不同的人。”汤普森没有具体说明太空军打算如何吸引那些通常不想在军队服役或可能没有资格的熟练技术人员。并表示，科罗拉多州斯普林斯的一个团队正在研究拟议的人事改革，正在考虑的一些选择是提供短期任务，使人们能够更容易地在军队和文职部门之间过渡。

航空航天工业协会 (Aerospace Industries Association) 副主席约翰·盖勒 (John Galer) 表示，太空军有机会引入创新的人事政策，因为像白纸一样干净的新生的太空军更加容易实施这种改革性举措。在 8 月 19 日由美国航空航天学会主办的 Ascend 虚拟会议上，盖勒透露，严格的要求剥夺了大约 70% 的美国人口参军的资格，但这项举措并不是为了“降低兵役标准”，而是为了更广泛地筛选人才库。

他表示：“并不是所有的要求都可以取消，但我认为，我们看到了军队随着时间的推移所发生的改变，它之所以兴旺发达，是因为它挑战了现状。太空军需要一支具有不同背景和技能的人才队伍，而这一需求可能会超过体制规范。你必须决定你需要一个空间操作

---

① Sandra Erwin. Space Force to propose personnel reforms to attract tech talent [EB/OL]. 2020 - 08 - 19 [2021 - 10 - 30]. https://spacenews.com/space - force - to - propose - personnel - reforms - to - attract - tech - talent.

员，一个情报官员来做什么？然后在此基础上确定你的入列要求。”

这项举措还必须考虑如何激发年轻人的积极性。“这是一支新一代的员工队伍，我们的人事管理系统相当陈旧。”盖勒说，“兵役的某些方面，如僵化的职业道路和对家庭的影响，使许多人望而却步。”

七、美国空军军官学校为适应部队需要紧锣密鼓地扩展太空课程①

美国空军军官学校正在丰富和发展其太空教育课程的内容，使其培养的人才更适应美国太空军的需要。美国空军军官学校（United States Air Force Academy）位于科罗拉多州斯伯林斯，占地1.85万英亩，是美国空军培养初级指挥军官院校。为军队培养出了多名著名空军军官和优秀飞行员，一直是美国军方重点学校。

空军军官学校的培养目标是把有前途、优秀的年轻人培养成有知识、有能力、守纪律的空军初级军官，并担当起领导世界上最好的航空力量的重任。由于美国空军单独成军较晚，所以它是美国5所初级军事院校中最年轻的一所，首届学员于1959年毕业。学员经过4年的学习后将获得理学学士学位，大多数毕业生将被委任为美国空军少尉军官。

另外，学校还是科罗拉多州的旅游胜地，每年吸引近100万游客前去参观。据美国航天新闻网转引空军学院官网消息，美国空军军官学校校长杰伊·西尔维亚中将在接受采访时称，该校将新设

① 原载于2020年9月1日“我们的太空”知乎，有删改。参考美国空军学院官网相关地址：https：//www.usafa.edu/academic/space－warfighting。

“太空作战”（space warfighting）辅修课程，该课程将涵盖太空法、太空战略等相关内容。

该校官网显示，学校委员会在2020年6月早些时候批准了增加太空作战辅修课程的计划，并预计从2023年开始实施。此举是该委员会根据空军和国防部的指导方针而决定的教育方案。

太空作战辅修课程着眼于学员在美国太空军的岗位任职，旨在培养其成为称职的联合作战军官，与该校的任何专业兼容，包含跨学科的选修课。该课程为学员量身定制了4种不同的专业方向，分别为太空操控方向、情报方向、数字方向和采办方向。

太空作战辅修课程与选修专业相比，至少需要额外花费15个学时。辅修课程的要求旨在提供对太空领域技术的理解和对未来战场的社会文化理解。如本专业另有必修科目的规定，则必须从所列科目中选课，以达到最少15个辅修学时。

从课程安排表中可以看出，太空法、美国太空战略等已经纳入了新的辅修课程体系，内容既包括航空航天领域的专业基础课程，也包括世界主要国家和地区的政治、经济和历史的介绍，还有一些与太空作战密切相关的课程。4个方向在任职培养上面具有不同的侧重点，但总体上还是有很大的共性。值得注意的是，情报方向的选修课注明，在所选的两门课中，必须至少有一门是聚焦俄罗斯或中国的课程；在所有方向的地区战略课程中也主要涉及亚太地区和俄罗斯。这说明美国始终将中国和俄罗斯视为潜在的威胁，对亚太地区虎视眈眈。

该校相关领导对这次改革给予了积极的评价。学院委员会顾问、课程和战略副院长丹·乌里韦上校说：“令人兴奋的是，学院在培养太空军军官方面发挥着主导作用，我们是太空军军官的源泉。”

宇航系主任道格·威克特上校说，学员将受益于新的课程，这门课程将给他系里的工程专业学生提供了解决问题的新机会。航天学负责人和董事会成员卢克·索特上校表示，该学院是培养对太空有更强操作能力和战略理解力的军官的理想机构。

据悉，自1954年以来，空军学院的学员们就有机会设计、制造和操控空军和国防部相关任务的卫星。毕业生在太空开发方面发挥了主导作用，42名毕业生成为宇航员。新课程将航空航天领域的工程学科向战争方向延伸扩展，立足于学院的工程技术优势，为各专业的学员贴近现代战争提供了更大可能。威克特上校表示，新课程旨在培养对最新技术有天生理解的军官，这使该学院具有优势。

据该校官网消息，2020年4月18日，86名毕业生拿到了他们的毕业证书，并直接进入美国太空军。这标志着自太空军成立以来，空军学院首次向新部队输送服役人员。

空军部长巴雷特说："这些人将捍卫民主，保护太空最后的高边疆。"太空军雷蒙德上将说："2020届将作为第一批直接进入美国太空军的军官而载入史册。"

此外，为了使院校教育与部队任职衔接更为紧密，该校还在校园内设立了一个太空部队办公室（Space Force office），为可能考虑加入太空军的学员提供咨询。这些措施为毕业学员从院校走向工作岗位奠定了基础，使毕业学员能够更加适应太空军的岗位需求。

八、探寻美国太空军军官进修模式——"施里弗学者"计划[①]

2020年10月16日，美国空军大学军官培训学校在阿拉巴马州

---

① 原载于2020年11月4日"一言航天"公众号，有删改。参考美国空军大学官网相关地址：https：//www. airuniversity. af. edu/ACSC/Display/Article/1688390/schriever – scholars – program.

的麦克斯韦空军基地委任了第一批直接加入美国太空军的两名军官——艾米·科巴和伊丽莎白·科瓦尔，和众多同学不一样，科巴和科瓦尔被直接委任进入太空部队，成为美国太空部队 1.6 万多名军事和文职人员中的一员。该军官培训学校的任务历来是对空军军官进行适当的教育和培训，使其为作战做好准备，现在这项任务已经扩展到航天专业人员。科巴和科瓦尔为新一代美国太空军军官探索了道路，这对整个国防系统来说都是一个重要的里程碑。

2020 年 10 月 5 日，同样在麦克斯韦空军基地，18 位原属空军的军官们举起右手，宣誓就职，成为美国太空军的一员，此前这些军官刚刚完成了一项为期一年名为“施里弗学者”的集中培训。空军大学太空系主任尼基·林赫斯特上校主持了此次仪式，并向他们致辞。

她在后续的一场访谈中谈到了对这些军官的期望：“对于来空军指挥参谋学院参加培训的中级军官来说，该培训为那些有太空头脑的人提供了更深入地研究空间问题的机会，有助于他们解决已查明的问题。该培训为期一年，主要面向太空专业人士和对太空理论、太空力量和太空利用感兴趣的人士开设。项目能对这项事业感兴趣的对象起到作用，在那里他们可以为这项事业付出真正有价值的投入，并为对未来的思考提供一个新的思维。”

“施里弗学者”计划是美国为确保自身在太空的持续主导地位，由空军在空军指挥与参谋学院开办的太空集中培训。该计划是美空军教育训练司令部和空军空间司令部之间的合作项目，培训对象不仅包括美国军官，还包括国际合作伙伴和政府文职人员，旨在培养能够将天基能力整合到联合作战中的太空战略家。

课程将美国空军指挥与参谋学院开设多年的作战课程（战争理论、国际研究和联合作战课程）和以太空为重点的课程相结合，深入研究太空历史、战略、行动和政策。课程内容主要分为 5 个方面：

领导能力、战争理论、国际安全、太空力量、联合作战。其中太空力量和国际安全的课时占比非常多，此外还有相当多与法律相关的学习内容。

美军高层也对此项目相当关注，2018 年 4 月 17 日，在科罗拉多州科罗拉多斯普林斯举行的第 34 届太空研讨会上，美国空军参谋长大卫 L. 格里芬上将就表示："我们正在修订我们指挥人员的培训路线，使他们有能力成为多领域的联合领导人，更好地为在未来冲突中获取空中和太空优势做好准备。首批"施里弗学者"计划的这些学生是空军和太空部队操作员的混合体，我们正在精心培养他们，使他们成为将天基能力与联合作战事务相结合的专家。"之后在 2019 年的 8 月，原空军大学校长、空军教育训练司令部司令卡瓦斯特中将也明确表示要支持"施里弗学者"计划。

与此同时，该项目最大的特色是会举办相当多的研讨会，以深入探讨太空的历史、战略、作战和政策。在学习过程中学员会通过组织研讨会、互相讨论、参加太空作战演习、会见美国国家航天企业的高级领导人和专家，并与民间太空企业的人员沟通等途径，帮助学生成为优秀的太空战略家和领导者，并树立起对太空领域的批判性思维。"施里弗学者"项目主任布伦特·齐阿尔尼克博士说："（这个愿景）是要把美国最优秀的军官培养成世界上最伟大的太空战略家。"按照课程培养计划期望，所有的毕业生将有能力在所有级别的太空问题上担任领导者，并且在高级别研究小组的工作中具有很高的竞争力。除了培养未来的国家太空战略家之外，该项目的教员也会积极向美国国防部、国务院、国家科学技术委员会以及联合国等全球组织的领导人就各种太空政策和战略问题提供建议。

"我们的首要任务是教学"，史密斯博士说，他是太空力量 II 课程的主管。"但是，由于我们的教职人员数十年来一直从事太空政策、法律或军事领域的研究，我们抓住一切机会向外拓展，并撰写有关当前太空问题的文章，这样做可以保持我们的学者和学生了解该领域的最新发展。”

马修·洛迈尔是参与培训的一名美空军少校。他曾发表的一篇名为《更好的太空思维》的论文已经成为美国制定太空政策的参考，他在文中将过去传统看待太空的观念和他所提出的新观念进行了充分比较。传统观念认为，从地球表面到所观测到的太空领域只是空中领域的延伸。太空部队主要的任务是为联合作战提供支持，因此，太空部队会忽视该领域对手的战略意图和太空的战略重要性。但随着技术的进步，也标志着一场太空竞赛的开始：全球资本的投入更大，国际参与者越来越多，大家的野心也更多，这也导致了竞争愈发激烈。因此，当前需要一个更好的太空思维——一个更适合当今的挑战，更有资格增强美国太空力量的新兴思维。新兴思维的重点在于要夺取太空的控制权，同时，该思维认识到地月间更广大的太空空间在商业上巨大的潜在价值，并从战略上对其在军事方面的影响做出考虑，同时对在此空间的活动提供安全保障。总的来讲就是，利用太空中的所有关键地形（包括月球）来寻求战略优势，同时密切关注太空中对手的军事活动。

九、保卫高边疆，美国太空军将提高部队数字化水平①

如果说战斗机飞行员是空军的“摇滚明星”，那么软件编码员和应用程序开发人员可以说是太空军的“明星”。太空军软件基础培训营中尉史密斯表示：“太空军日常工作的方方面面都涉及软件，培训

① 原载于 2021 年 2 月 26 日“我们的太空”知乎，有删改。参考网址：https://spacenews.com/to-defend-the-high-frontier-space-force-wants-digitally-minded-troops。

营的毕业生被称为超级编码员。”史密斯作为空军军官和软件专家，即将转任太空军并负责太空军软件培训营的工作。首批训练营于2021年1月举办，预计将有28名军人和文职人员毕业。该培训计划的人员选拔较为严格，28名培训人员是从300多名候选人中选出，他们也被称为“超级编码员”。

太空军希望建立一支由400名软件编码员组成的军官队伍，编码培训将成为常规训练培训活动，通过培训营的培训，提高太空军成员的数字化水平。这些人员将被分配给相关单位奔赴世界各地执行太空交通管制、卫星操作和空间数据分析等工作，杰伊·雷蒙德将军在2020年11月发布的部队建设指导文件中呼吁建立一支具有数字化思维的部队，以创新方式运用相关技术。当签署太空军法律后，雷蒙德便在他的办公室设立一个高级顾问小组，专门负责太空军技术和创新工作。金伯利·克里斯德少将担任太空军首席技术和创新官，在此之前她曾是空军的首席数据官。克里斯德表示：自己的职责之一是制定在所有太空军活动中使用数据的准则。她在美国航空航天学会的一次会议上说：“我们希望太空军的工作中普遍使用数字技术和数字化功能，我们希望发展数字化的工作手段。”史密斯中尉曾在新墨西哥州空军研究实验室的太空飞行器管理局任职，克里斯德将她招至太空军从事技术和创新工作并规划了工作方向。“超级编码器项目是我们数字服务愿景的一部分”，史密斯说，“我们正在努力将软件开发发展为一项战略资产。”

太空军第二技术和创新官查尔斯·加尔布雷斯上校表示：他的办公室计划在来年发布有关太空军数字化战略的更多细节。加尔布雷斯说：“这是雷蒙德将军的一道命令。数字技术的推广使用对太空军的所有成员至关重要，不过目前数字服务还没有一个统一的定义，这不仅意味着我们需要拥有一支精通软件开发和技术的专业技术队伍，而且还需要营造一种团队文化，使人们有权使用数据和技术，以创造性的方式解决工作中的问题。”

加尔布雷斯说：“太空军将为在未来卫星的设计和数据获取中使用‘数字工程’制定相关准则，目标是在虚拟环境中设计、开发和测试卫星，这种做法在私营部门中很普遍，但由于许多机构缺乏现代信息系统基础架构，因此这项技术在军方开展缓慢。到目前为止，已有 1100 多名太空军成员在数字大学上过课。我们不需要太空军中的每个人都可以成为编码员，但我们确实需要他们每位成员都了解他们可以使用的工具，以便将其应用到日常操作中。”

太空军是美国六大军种中人数最少的军种，不过其对技术要求很高。成立之初，太空军依靠空军来完成行政、培训、基地建设、部队作战和其他日常管理职能，目前已有 2400 名空军人员转隶太空军，2021 年还将转隶 4000 名相关人员。未来，太空军将把其人力资源集中在技术领域，例如太空业务、情报、网络安全、采购和工程建设。预计 2021 年将有 300 多名接受过基本军事训练的士兵加入太空军。他们将参加位于加利福尼亚州范登堡空军基地的空军太空训练学校，以成为专业的太空系统运营人员。此外，2021 年美国空军学院将有多达 116 名毕业军官加入太空军。太空军还将通过大学的后备军官训练团计划引进一些军官，重点是科学、技术、工程和数学学位的相关人才。

参谋长联席会议副主席约翰·海顿将军说：“经过数字培训并熟练掌握数字化服务对太空军的未来很重要，但文化的改变也是如此。”随着其他大国开发太空武器来干扰或禁用诸如全球定位系统之类的重要卫星，美国面临着国家安全挑战，培养一支能够应对这些威胁的专业队伍应该是太空军的首要任务。负责保护距地球数千英里的轨道上的卫星的太空军操作员必须能够预测并确定可能发动的攻击并且知道如何应对。传统上，太空军已经接受过关于卫星的日常操作和维护方面的训练，但这不是针对敌对行动的相关训练。未来，太空军需要成立一支能够快速反应以应对未来冲突挑战的部队。因此，数字技术对于太空军的未来建设尤为重要。”

十、美国空军技术学院举行毕业典礼[①]

2021 年 3 月 25 日，美国空军技术学院工程与管理研究生院举行毕业典礼，太空军第一任作战部长约翰·雷蒙德将军出席并发表讲话。

他说：“国防部正准备进行创新和变革，你们将激励和领导这一变革。没有比现在更好的时刻了，没有比你们更好的人来领导这伟大的变革。不要害怕失败，相信你自己，相信你学到的东西。你们都准备好了，你们都足够优秀去做伟大的事情来捍卫我们的自由。”

如此高调的毕业典礼定有不俗之处，据悉，本届毕业班包括 172 名空军军官和 3 名军士、33 名太空部队军官、6 名陆军军官、5 名海军陆战队军官、11 名国防部文职人员、3 名国防承包商和来自澳大利亚的 2 名国际学生共 235 人。共在科学、技术、工程和数学领域授予 230 个硕士学位和 6 个博士学位，还有一位毕业生获得了双硕士学位。

空军技术学院（Air Force Institute of Technology，AFIT）是位于美国俄亥俄州赖特－帕特森空军基地的一所研究生院，创立于 1919 年，受美国空军管辖，为美军士兵提供教育。设立有大学本科和研究生两种学历层次课程，学校下分工程和管理、系统和后勤、土木工程三大学院。除此之外，空军技术学院与哈佛大学、麻省理工学院等许多名牌大学都签订有教学合同，为空军培养了大量管理、财

---

① 参考美国空军技术学院官网 https：//www. afit. edu.

经和采购等方面的高级人才。

该院校还培养了大量航空航天类专业的军事人才，其在航空航天专业设博士学位，本次毕业的 6 名博士中有 2 名航空工程专业博士，硕士中有航空工程硕士 14 名、航天工程硕士 9 名、空间系统科学硕士 7 名，还包括有大气科学、材料科学、系统工程硕士等近百名，都是与航空航天息息相关的学科专业人才，这些人才对于还在建设阶段的美国太空卫士无疑是一股新鲜血液，未来将会成为美国太空部队的中坚力量。

毕业典礼上空军技术学院指挥官兼校长詹姆斯·赫克中将也对本届毕业生给予极高的评价：“现在大家都知道你们是 AFIT 的毕业生了。我们空军和太空部队中只有一小部分人能说他们是 AFIT 毕业生，这意味着人们会用不同的眼光看你。当指挥官有困难的工作要做时，你要去找他，因为那将是他们所期望的。”

十一、美国计划在西点军校扩展太空教育[①]

美国希望更多的军校学员专攻太空作战方面的科学与技术。美国陆军军官学院（U. S. Military Academy，位于纽约州西点，常被称为西点军校）的教员查理·加利兰德（Chalie Galliand）说，朝着这个方向迈出的关键一步是西点军校启动一项以太空为中心的新计划。

加利兰德是美国空军的一名少校，在西点军校核物理工程系担任初级轮值教师。他在第 34 届小型卫星年会的视频展示中谈到了这个计划。

---

① 原载于 2020 年 8 月 10 日“我们的太空”知乎，有删改。参考美国西点军校官网相关地址：https：//www. westpoint. edu/academics/academic – departments/physics – and – nuclear – engineering/space – and – missile – defense.

加利兰德说："学员们在 2020 年首次获得了空间科学学士学位。"他还指出，西点军校新建立的太空与导弹防御计划已经酝酿了 12 年。

许多西点军校的毕业生在服役于装甲兵、步兵、航空兵或工程师等核心部门后，继续加入了被称为 40 功能领域或 FA－40 的陆军太空作战的干部队伍。FA－40 为战场上的指挥官提供如何最好地利用通信、遥感和导航等空间能力的建议。

加利兰德说，西点军校的学员对太空充满热情。在某种程度上，他们可以建造小型卫星和火箭。一些学员也在考虑加入美国宇航局宇航员的队伍。

目前有 3 名来自陆军的宇航员。安德鲁·摩根（Andrew Morgan）上校和安妮·麦克莱恩（Anne McClain）中校均于 2013 年入选宇航员计划，弗兰克·鲁比奥（Frank Rubio）中校于 2017 年入选。

位于阿拉巴马州亨茨维尔的陆军太空与导弹防御司令部（SMDC）是陆军太空军官发展职业生涯的地方。SMDC 正在投资小型成像卫星等技术，以支援战场上的部队。

SMDC 的两个小型卫星项目是"枪烟－J"（Gunsmoke－J）和"独星"（Lonestar）。"枪烟－J"是一个遥感技术的验证。"独星"项目由两颗卫星组成，将用于验证空间态势感知技术。

西点军校官网对新增的空间科学专业介绍如下：

（一）空间科学——主修和辅修专业

21 世纪以来，我们的生活越来越受益于对空间环境的认识、卫星和航天器的利用以及太空技术的应用。空间科学是有关空间环境的科学，也是与宇宙飞船、卫星和太空探索相关的科学。一些技术和系统已经使我们的社会受益，比如，空间气象和地球气象预报卫星；可支持定位、导航和授时（PNT）的系统，如 GPS，卫星通信，导弹防御系统，以及用于观测地球、日光层和太阳系的遥感系统。通过理解上述科学技术和系统，太空科学家开发并建造了许多科学设备，其是现代太空科技的重要组成部分。空间科学项目涵盖太空科技的方方面面，为未来多种技术需求和活动提供基础理论支持。开设本专业的目的是让新学员扎实掌握轨道力学、空间环境、姿态确定和控制、卫星通信、空间结构、天文学、天体物理学、空间物理学、遥感和火箭推进领域的基础知识。在暑假期间，学员还有机会在美国国防部以及其他负责太空和导弹防御相关研究的实验室开展调查研究。

（二）空间科学专业学生培养目标要求

空间科学专业的学生培养目标，是要求新学员掌握或者必须达到以下水平及能力：

1. 能应用数学和科学知识来识别、制定方案以及解决空间科学问题。

2. 能进行实验，运用科学的方法，以及分析解读数据。

3. 能与跨学科团队合作，有效沟通交流当代空间问题、国家战略空间政策和相关技术；分析审查上述方向的专业和伦理相关问题。

4. 能描述和总结技术系统、组件或技术流程，以在现实条件下满足经济、环境、社会、政治、伦理的健康发展，兼顾安全性、可制造性和可持续性。

5. 能认识到终身学习的重要性，掌握终身学习的能力；能解释与之相关的现实问题和概念，成为社会需要的航天人才。

（三）空间科学辅修专业——综合性学科代表

来自各个专业的学员学习太空相关课题，并学习如何将其与各自专业联系起来。

我们的学员将成为多个领域的领导者：充分利用自身对空间环境、空间能力和空间威胁的知识在各样战场指挥作战（陆地战场、空中战场、海上战场、网络战场和太空战场）。

他们将学习 3 门航天相关课程（航天 471、航天 472 和航天 473）和 2 门几乎所有专业都包括的选修课。

下篇　美国太空军：领军人物和代表观点

第七章　当权者之思

一、拜登政府国防部对太空领域的态度

拜登就任美国总统后，国防部长劳埃德·奥斯汀和副部长凯思林·希克斯于2021年1月21日和2月8日先后上任。他们都曾在采访或证词中对美国未来太空领域的发展发表过自己的观点。新任防长太空助理大卫·齐库索在他的研究报告中也表露了对太空发展的看法。整体上，这几位国防部的领导人对太空的表态虽然不多，但从他们在一些场合的只言片语中也可看出端倪，从中探索到拜登麾下国防部新班底的太空建设思路。

（一）重视商业太空发展

美国太空军顶层出版物——《天权》将国家太空力量定义为一个国家利用太空领域追求繁荣与安全能力的总和。《天权》一书认为，太空既是一个国家产生和应用外交、信息、军事和经济力量的来源，也是一种相应的渠道。其中商业太空工业是美国经济中迅速增长的一部分，具有无限的潜力。

与《天权》对商业太空重要性的描述不谋而合，美国国防部长劳埃德·奥斯汀在证词中多次强调了太空弹性能力在作战中的作用，

要加强多国多部门合作，并且强调日益增多的太空商业活动——“它们既可以是美国的软肋，也可以是美国的机会。”同时，他认为“太空发展局要积极寻求基于商业可用技术的解决方案，将商业技术应用在几乎所有的任务中”。他称自己将“鼓励利用商业技术通过商业服务和利用商业投资和技术进步，将它们集成到国有和私营系统中”。①

国防部副部长凯思林·希克斯也认为美国在太空领域正面临日益严峻的安全挑战，发展美国航天应当“利用商业技术，增强协同技术，以迅速应对未来的威胁”。国防部在太空计划方面需要“跨组织合作”，利用商业创新作为推动力，确保美国能够对抗中国的技术进步。在此基础上，这位新上任的女副部长对有意与国防部合作的科技公司所面临的困难和瓶颈表示担忧，她表示：“我们需要降低非传统公司在合作中面临的挑战。”

在防长太空助理大卫·齐库索的研究报告中，他提出了政府与地方的商业合作模式，希望美国在未来采用天基信息支援的方式进行联合作战，颠覆五角大楼和国防承包商长期支持的传统系统和作战理念，并与硅谷合作，以谋求小型卫星和网状网络技术的发展和应用。

发展商业航天，的确是美国这个头号资本主义国家的长处，扬长避短，用资本引导技术和实力发展，是他们重点关注的方向。

（二）强调多部门协同合作

关于太空司令部和太空部队的定位，劳埃德·奥斯汀表示：“太

① Senate Armed Services Committee. Senate Armed Services Committee Advance Policy Questions for Lloyd J. Austin Nominee for Appointment to be Secretary of Defense [EB/OL], 2021-01-19 [2021-10-30]. https://www.armed-services.senate.gov/imo/media/doc/Austin_APQs_01-19-21.pdf.

空司令部必须能够保护和捍卫美国的国家利益，特别是要具备能够应对太空冲突和危机的能力。太空司令部不仅需要在内部培育技术创新以增强弹性能力，还应该在国防部和整个政府内部开展工作，建立强有力的太空联盟，制定行为规范和标准，并加强与商业太空实体之间的伙伴关系。太空部队指挥官们不仅要重视战时太空作战的能力，还要重视平时保护美国和我们的盟友进入太空的能力。”很显然，他对目前机构内存在的问题认识十分明确，洞察到了制度约束上的缺失，并有着针对性的改革方向。

同时，凯思林·希克斯也注意到了国防部在部分政策上的短板，她提出在太空计划方面要进行“跨组织合作”，确保美国保持在一众航天强国中的坚强竞争力——“如果上任，她主张将太空发展局移交给太空部队，最大限度地提高这两个组织的协同能力”。①

（三）鼓励开展技术创新

新的经济环境为太空领域的发展提出了更加严苛的要求，美国国防部也深刻意识到技术上的革新是其发展的先决保证，在美国太空军获得核心能力的基础上，通过技术的投入来保证航天行动的可靠性，以适应未来的需求，是其追求的核心目标。

劳埃德·奥斯汀在证词中提到:“太空发展局正在积极寻求基于商业可用技术的解决方案，包含商业技术在几乎所有元素中的任务。我打算支持相关政策，并且鼓励相关部门通过商业服务和利用商业投资实现技术进步。”

---

① Senate Armed Services Committee. Senate Armed Services Committee Advance Policy Questions for Dr. Kathleen Hicks Nominee for Appointment to be Deputy Secretary of Defense [EB/OL], 2021 -02 -02 [2021 -10 -30] . https: //www. armed - services. senate. gov/imo/media/doc/Hicks_APQs_02 -02 -21. pdf.

凯恩林・希克斯也认为获取新技术会“提高作战效率，增强应变能力，利用商业技术和创新，并迅速应对未来的威胁”。在军事创新的基础上，利用商业创新作为推动力，确保美国能够对抗竞争对手的技术进步。

而大卫・齐库索曾在他的研究报告中以2025年可能发生的某登岛作战举例，说明美国天基作战支援力量对未来洲际作战的重要作用。他提出由数百颗美国情报卫星组成“巨型星座”，持续、不间断地监视他国舰队，收集图像、拦截通信、定位雷达发射器，以此促进美国在整个战区形成作战网络。如果使用导弹进行打击，在到达飞行的最后阶段时，就可利用巨大的卫星网络精确地引导其打击敌方舰队。

虽然，目前美国拜登政府及其国防部还没有明确的太空新政策和新方向，但其国防部领导人相关表态背后的、对未来太空领域的意图不得不令人警惕，值得分析和研究。

二、从前空军部长威尔逊的态度立场浅析太空军的酝酿发展历程①

2018年10月4日，美国《外交政策》网站爆料特朗普总统因不满空军部长希瑟・威尔逊在太空军组建工作上的表现，正在考虑中期选举之后解雇其职，可能以太空军独立激进派的麦克・罗杰斯接替之。②

紧接着，在10月5日的五角大楼发布会中，发言人丹娜・怀特

① 原载于2018年10月22日“一言航天”公众号，有删改。

② Stephen Losey. Report: Trump may fire Air Force Secretary Wilson over Space Force [EB/OL]. 2018 - 10 - 05 [2012 - 10 - 29] . https: //www. airforcetimes. com/news/your - air - force/2018/10/04/report - trump - may - fire - air - force - secretary - wilson - over - space - force.

在一份声明中说这是“无稽之谈”，但她并没有对此报道做详细解释。同日，白宫发言人林赛·沃尔特斯说：“总统没有讨论要解雇空军部长希瑟·威尔逊，所有的报道都是假的。”①

以此为引子，本文以特朗普任期前两年里美国空军部长威尔逊在“太空军”议题上的行为和态度为主线，揭示特朗普在成立太空军问题上的激进政策引发的美国高层的政治博弈，浅析美国太空军成立前的酝酿发展历程。

自特朗普于 2018 年夏天指示国防部组建太空军之后，之前表态称不赞同太空力量单独成军的高级官员大多已转变立场，表示愿意支持总统的工作。但就如何成立太空军，美国政府机构中当时依然存在着分歧。

同年 12 月份，国防部将向白宫提交一份关于组织成立太空军的立法提案，在这一期限的敦促下，五角大楼的内部分歧日益加深。其中掌握着美军大部分太空力量的空军部在太空军组建之事上起着至关重要的作用。

（一）2017 年：空军部长和众议院的分歧

2017 年 5 月 17 日，当时的美国空军部长希瑟·威尔逊、空军参谋长大卫·高德弗恩、空军航天司令部司令约翰·雷蒙德，以及太空与导弹系统中心指挥官塞缪尔·格里弗斯等人，在美国参议院军事委员会战略力量小组委员会（United States Senate Armed Services Subcommittee on Strategic Forces）听证会上围绕军事航天政策进行了联合陈辞。在此会议上，空军部高层官员在一个议题上达成了共识，

---

① 张飞扬. Trump Considers Firing Air Force Chief Over Space Force Pushback [EB/OL], 2018-10-05 [2021-10-29]. https://world.huanqiu.com/article/9CaKrnKdjlr.

即他们提出的太空领域管理碎片化、航天部门采办效率低下、军事航天专业人才流失等现状纷纷指向了美军太空力量的结构改革。显然，美国空军需要为其管辖的军事航天力量的结构进行整合重组，以支撑美军太空战略优势。

不仅是空军发现了自己日益暴露的短板，在国会更是早已有人对此问题给予了高度关注。

“当前的机构并未有效地发挥作用，国会不会允许这一现状继续下去。”美国众议院军事委员会战略力量小组委员会（United States House Armed Services Subcommittee on Strategic Forces）主席麦克·罗杰斯是美国国会中最坚定支持单设军事航天部门的议员之一，他将推动军事航天机构改革视为自己的事业。据称，单设航天部队是众议院两党议员鲜有的一致同意的问题，于是他和同事花了三年的时间来为设立在空军部之内的航天兵种开展立法工作。他提出的相关法案于 2017 年顺利地在众议院通过，然而却没能在参议院通过。

罗杰斯指责称，是空军高层在幕后串通参议员阻挠此重组工作，“空军领导层应该与我们合作一起塑造太空部队，而不是拒绝这个想法并予以回击。”

空军高层既然已经对军事航天部门的现状有了深刻认识，并有意进行重组改革，可为何还要阻挠罗杰斯提出的法案在参议院通过呢？

事实上，空军部长威尔逊并非无视结构体制中的弊端。相反，在强化太空作战机构方面，她还提出了具体的措施：一是设立负责太空军事行动的三星副参谋长（AF/A11）职位，直接向空军部长和空军参谋长负责，而空军参谋长是负责向联合部队提供太空能力并保持作战需求控制的联席参谋；二是成立新型太空作战机构——国家太空防御中心。

与罗杰斯不同的是，威尔逊的方案并没有直截了当地将空军的太空力量剥离开来单独设立兵种，而是更加保守地增添了一个机构与一个职位来统筹军事航天力量。相比于罗杰斯的激进主张，她的措施是建立在空军传统体系框架之上的改革，利益牵扯少、动作幅度小，是以一种更易于接受的方式优化空军的太空作战能力。

威尔逊认为，航天部队的重新洗牌是弊大于利的，其结构改革应该注重整合而非分离重构。在几十年来的军种建设中，空军已经和其管辖的太空力量几乎融合在了一起，空天之间没有明显的界限，故而将其分离重构将会遇到阻力，会花费很多钱和精力。威尔逊阻挠单设航天兵种的法案通过国会是有其考虑的。

（二）2018 年："镀金"预算，威尔逊有意拖延太空军组建步伐？

2018 年 6 月 18 日，特朗普指示国防部开展太空军组建工作，太空力量迁出空军单独成军似乎已成定局。

自总统向五角大楼发出建立太空军的命令以后的两个多月里，威尔逊一直没有就此事公开发表过多言论。在国防新闻发布会上，威尔逊在事先准备好的发言中没有提到太空军，只是在问答环节提到了这个话题。

直到 9 月 5 日，威尔逊才公开表示支持总统的提议，并坚称空军没有反对成立太空军的想法。但她没有提供关于如何开展新服务的细节，只是坚称"必须以正确的方式进行"。

9 月 10 日，主管航天重组工作的国防部副部长沙纳汉发布备忘录设定几项工作的最后期限，要求威尔逊与主管研究和工程的副防长格里芬提交太空发展局（Space Development Agency）的组建方案。然而两人的方案相去甚远。

9 月 14 日，威尔逊提出以当前的航天快速能力办公室为基础建立太空发展局，并在地理位置和组织结构上同空军航天司令部结合。

特朗普必将做出动作排斥异己，也许这便是不少在 2017 年表示反对独建太空军的高层官员如今的表态却趋于缓和的原因。

对善于进行空天一体作战的空军而言，突兀地将太空力量从中剥离对他们将是一种打击，并会在短期内放慢军事航天的发展速度。不仅是威尔逊，空军的其他高层官员都有着类似共识，他们在航天力量改革方面有着自己的考虑和规划，即希望能够在空军内部以一种过渡性的稳健步伐向独立太空军迈进，而不是急于设立一个短期内空乏实体的官僚机构。

曾经尝试与空军合作为航天兵种立法的众议员罗杰斯 2017 年在参议院受到空军阻挠，这使得他站到了特朗普这一边。可即使是罗杰斯，也在抱怨总统的激进干预导致太空军问题被不必要地政治化，况且他原本的方案也是异于总统的。

虽然在组建太空军的议题上美国政府中保守派居多数，但特朗普并非就是一意孤行。许多民间的“太空军粉”甚至成立了自己的组织，为太空军摇旗呐喊，这说明太空军还是有一定的民间基础的。

纵然美国政界在太空军的话题上争执不休，太空军在独立的道路上也是磕磕绊绊，但这并非意味着美国的太空力量的重组陷入了死泥潭。时至今日，美国太空军已作为空军部下的一个军种独立出来，可见政治角力后，太空军已以一种权衡各方利益的形式呈现于世。

三、美国空军四星上将、参谋长联席会议副主席约翰·海腾[①]

当地时间 2018 年 12 月 18 日，根据白宫网站当天发布的一份总

① 原载于 2019 年 3 月 7 日“一言航天”公众号，有删改。

统备忘录，特朗普下令成立太空司令部，要求美国国防部长推荐司令和副司令提名人选，并称新司令部将是一个功能性的“联合作战司令部”。

备忘录显示，原由战略司令部承担的空间作战、导弹防御职能将会由太空司令部承担。

特朗普签署该备忘录时，现空军四星上将、参谋长联席会议副主席约翰·海腾时任战略司令部指挥官，负责战略司令部的具体工作。

（一）美国参谋长联席会议

美国参谋长联席会议是1942年美国总统为适应第二次世界大战的需要，临时成立的跨军种协调参谋机构，并根据1947年的《国家安全法案》正式确立为常设机构，是美国总统的军事智囊团。经过数十年的发展，现在的职能主要为：（1）在平时向总统、国家安全委员会和国防部长提出关于军队建设、国防发展项目与预算、采购需求评估、联合作战条令、联合训练政策等方面的建议；（2）在战时制定军事战略、战略训令，制订后勤保障计划和军训动员计划；（3）就军事预算、军事科研和武器装备发展提出建议，组织诸军兵种大规模联合演习等。需要注意的是，该机构不具有对部队的直接指挥权，且各成员须接受本军种和参联会的双重领导，在实际运作中具有“军种本位主义”[①] 的问题。

（二）美国战略司令部

美国战略司令部总部位于美国本土中心地带的内布拉斯加州奥

---

① 文予．对美军联合全域作战概念要点的思考［J］．军事文摘，2020（479）：23 29－33.

太空方面：海腾曾谈及空天一体化发展，也认为太空已发展成为一个独立作战领域 。他认为，美国空军在太空中的行动对于美国乃至世界经济都至关重要，并且空军将采取一系列措施保持美国在国际太空行动方面的领先地位。同时，他还认为，对中俄都不能当作美国的“朋友”，中俄两国对美国都存在潜在的威胁。海腾赞成2014 年提出的研制美制火箭发动机来替代俄制发动机的目标，这一目标在 2018 年已经基本实现。

他认为，应当构建“韧性与分解式空间体系架构”，以便提供满足未来需求的能力；并且他对卫星通信能力给予关注，提出集各军种优势来获取此能力。

关于空天一体、太空军独立存在的见解：

海腾扎根空军，善于进行航空与太空双体系的联合指挥，提倡“空天一体”的理念，认为在当前技术水平上，美国在太空领域尚不具有独立杀伤力，因而更倾向于将航天力量归于空军的管制内，独立成军为时尚早。但是，他也很重视航天部队的发展，认为在航天部队具备独立杀伤能力后，独立成军应是必然的走向。

他认为，美国借助其宽裕的经费能在太空取得“霸权”，但是，他担心太空作战这个有争议的领域会在以后难以获得足够的经费来支持它的开销，因此，他认为，需要加大与军工企业的合作，以在太空领域“迅速行动”中完成太空领域的军事部署，形成作战能力。

电磁域方面：

据 C^4ISR 网站 2021 年 1 月 6 日报道，约翰 · 海腾将负责近期发布的重建电子战的战略，他提出 5 个目标：

1. 第一个目标是发展能力。

2. 第二个目标是发展一个敏捷的、完全集成的电磁频谱基础设施。

3. 第三个目标是建立电磁频谱（EMS）的备战状态。

以上三个目标所确定的能力不是联合部队的能力，而是各军种独立的能力。

4. 第四个目标则要求建立（军种间）持久的伙伴关系，从而在电磁频谱中获得优势。

5. 第五个目标旨在建立电磁频谱的有效治理，这是一个联合部队的能力。

关于 2020 年 1 月 6 日国会骚乱的看法：

他认为："我们目睹了国会大厦内违反法律的行为。言论自由、集会自由权并没有赋予任何人诉诸暴力、煽动及叛乱的权利。作为军人，我们必须体现国家的价值观与理念，我们支持并捍卫美国宪法，任何破坏宪法规定程序的行动不仅违背传统、价值观和誓言，同样违背法律。"

当地时间 2020 年 1 月 12 日，美军参谋长联席会议的高层领导人发表了联合声明。他们谴责参与骚乱的示威者违背美国法律、挑战美国宪法制定的程序，并强调拜登已赢得美国大选，即将成为新一任美军总司令。[1] 此份文件下，留有主席马克 · 米利、副主席约翰 · 海腾及美国军队各军种的领导人的署名。

（五）个人性格

"一个极度理智、现实客观的战略分析家。"严谨求实。他说，我们随时准备对来自朝鲜的任何事件作出反应；这是威慑的要素，必须明确。面对朝鲜核问题，尽管总统曾承诺，如果有必要，将发

---

① Iamnotresponsible. Senior leaders of the US military rarely make joint voices [EB/OL], 2021 - 01 - 13 [2021 - 10 - 29]. https://www.iamnotresponsible.com/2021/01/13/capitol - riots - are - illegal - and - biden - will - become - commander - in - chief.

动“烈火与愤怒”（暗指使用核武器），“彻底摧毁”朝鲜。[①] 但海腾坚决坚持自己的看法，要求总统以合法方式动用核武器。他每年都要接受武装冲突法的培训。武装冲突法考虑到确定合法性的具体因素，包括行使武力必须遵循“将平民与军人区别对待、武力打击力度与所受攻击力度相似、符合发起军事行动的条件、以及不给对方造成不必要的痛苦”四大原则。他说，培训中演练如何应对非法命令的场景是常规做法。“如果你执行了一项非法命令，你就会进监狱。你可能会在监狱里度过余生。”所以这是一位微笑的幕后操纵者，也是关键时刻按住自家总统暴躁举动的大手，一定会以合法的方式达到自己的目的，不论这个目的有多卑鄙。

美国总统特朗普曾扬言不惜“彻底摧毁”朝鲜，外界担心他可能会单方面下令发动没必要的核武攻击。海腾在加拿大出席哈利法克斯国际安全论坛时，被问及如果特朗普总统“非法”要求发射核武他会如何抉择？他称美军方并不愚笨，会对这类事情深思熟虑。而他和特朗普总统就相关议题交换过意见，并表示会告诉总统不能发动“非法”的打击行动。2017 年 11 月 19 日，美国国会举行听证会，对总统独有的下令发动核打击的权力也提出了质疑。截至目前，美国国防部暂未回应海腾的说法。

作风正直，行动具有创造力、前瞻性、全面性。在国防部军事太空计划要实现的那些直接目标上，他展现出了自己独有的分析能力。他说，第一，我们需要让发射成本低于 1 亿美元。第二，我们必须有 3—5 年的卫星发展时间。第三，我们必须实现模块化航天器，我们可以利用政府和商业整合新的有效载荷。我们不是站在政府这一边的，但商业方面是这样的。他并没有完全站在军方角度只

---

① Tomaidh. Fire and Fury [EB/OL], 2017 - 08 - 08 [2021 - 10 - 29]. https://www.ibrattleboro.com/opinion/politics/2017/08/fire-and-fury.

考虑简单的去威胁化问题，然而他利用了商业化的资源与优势来考虑军事太空发展问题。

高超音速武器事件显然触及了海腾的软肋。如今，俄罗斯等一些国家在高超音速武器方面超越美国的发展水平，面对这种情况，海腾似乎有些冲动，这与他一贯的冷静理智出现了明显的反差。此类表现或许意为隐瞒美国的发展水平，又或许是为美国未来防御体系可能遭到的威胁感到担忧的外在表现，我们不得而知。从目前情况来看，海腾非常维护自己的空军部队，鉴于其曾经是反卫星武器高级工程师的身份，以及在夏延山的工作经历，他对威胁十分敏感，同时对太空领域建设十分有想法。他呼吁改变五角大楼训练和装备军队保卫太空系统的方式，推动国防部“加快步伐”。所以，笔者大胆猜测，美国确实在高超音速武器的防御和研发方面落后于俄罗斯等国家，以至于这位将领产生这般紧迫情绪。

（六）总结

海腾毕业于哈佛大学，入伍后一直在航天部队服役，性格冷静，曾身处夏延山决策层，对于空军与太空军的作战体系都有深入的了解。近年，他表示会拒绝总统特朗普的非法核打击指令，由此可看出他对特朗普能否合理利用核威慑存在疑虑；其次，他认为俄罗斯等一些国家的高超音速武器的快速发展会对美国国家安全造成威胁。总的来说，他是“一个极度理智现实客观的战略分析家”，他对太空作战领域很有想法，也能看到美国太空作战能力发展所面临的挑战，堪称美国太空作战领域发展的中流砥柱。

四、约翰·雷蒙德——美国太空军作战部长[①]

2019 年 12 月 20 日，即《2020 年国防授权法案》的签署之日，美国正式成立了主建的新军种——太空军。特朗普政府还于 2019 年 8 月 29 日恢复组建了主战司令部——美国太空司令部，时任美国空军太空司令部“一把手”的约翰·雷蒙德就任太空司令部第一任司令。2020 年 1 月 14 日，雷蒙德调任太空军最高指挥官太空作战部长，8 月 20 日，雷蒙德不再兼任太空司令部司令，将职位交给詹姆斯·迪金森上将。

约翰·雷蒙德出身于美国弗吉尼亚州一个军人世家，1984 年加入美国空军，2016 年被授予上将军衔。约翰·雷蒙德有点特殊。在美空军现役上将中，飞行员出身的将领占据了大多数，雷蒙德却是少有的非飞行员出身、完全成长于太空作战领域的“另类”。他在空军服役 30 余年，但其服役生涯大多与太空紧密相连。他毕业于克莱姆森大学，获得行政管理学士学位，并拥有密歇根大学行政管理硕士学位。曾任第一战略航空航天部门的作战中心主任和第 30 空间联队的执行主任、商业太空运营主管、美国战略司令部计划和政策主任、部队转型办公室主任。他担任的指挥职位包括：民兵洲际弹道导弹分队指挥官、飞行指挥员、教官分队指挥员、英国费尔特维尔皇家空军第五空间监视中队指挥官、空军第五军（指挥部位于日本横田空军基地）副司令员、彼得森空军基地空军航天司令部司令、美国太空司令部司令；担任的参谋职位包括弗吉尼亚州阿灵顿五角大楼美国空军总部作战副参谋长。

① 原载于 2019 年 3 月 26 日“一言航天”公众号，有删改。

他获得的奖章和勋章包括：橡树叶丛荣誉服役奖章、国防高级服役勋章、橡树叶簇功勋军团章、四簇栎树叶荣誉奖章、空军表彰奖章、法国功勋勋章、托马斯·怀特太空奖、Peter B. Teets 政府奖、詹姆斯·哈丁格奖。

（一）具有强烈忧患意识

雷蒙德任空军太空司令部司令时，在太空发展方面，相比于前任司令海腾，显然更加关注中俄两国的发展，并且对相应的威胁信号具有异常敏锐的嗅觉。在一次访谈中他提到："中国的军事现代化有可能削弱美国的核心军事技术优势。尤其是中国正在投资的一些项目，旨在能够在危机或冲突期间摧毁对手投射和反干预的能力。同样，俄罗斯正在使其反太空能力现代化，它的目的是削弱我们广泛的太空基础能力，同时确保其在太空领域进入和离开的行动自由。"这让人不禁联想，他会采取怎样的举措来更好地维持和扩大中俄等其他国家与美国之间的太空实力差距。

（二）有先进的训练理念

他对于未来太空中的战争形势有着全新的认识。尽管他对于现有的"太空战士"表现出了相当的自信，他说："我们拥有世界上最优秀的太空战士，无人能望及项背。"但他也清楚地意识到目前局势正在改变："我们今天训练太空战士的方法与以往有些不同，因为我们面临的威胁变了。"目前，他正在倡导新的空军训练计划，重在使士兵于模拟的太空对抗中进行训练；同时，空军正在制定"太空旗帜”演习[1]项目，这项战斗训练任务旨在对目前空军的优秀飞行员进行进一步培养。这些改变正在为日后的第一批真正意义上的“太空战士”走向太空打下基础。

（三）追求有价值的合作伙伴

雷蒙德极其崇尚合作精神。他说：“我们以前不需要太空伙伴，因为那里是一个很平静的领域……但现在，我们必须像其他领域一样，努力发展太空伙伴。”就当前世界各国的太空实力而言，美国的合作伙伴必然集中于其北约体系之内的一些国家。有些讽刺的是，正如美国这些年在国际上的发展一样，类似的合作虽数目可观，效果却不理想——最终美国只是为伙伴提供帮助而往往得不到伙伴的帮助。这使美国与中、俄合作这一不可思议的想法变为了可能。

在未来航天领域建设方面和太空战战略思路方面，雷蒙德也提出了自己的看法：“简单地说，不远的将来，每一个轨道上的每一颗卫星都可能处于危险之中。所以，如果考虑到这一点，我认为很重要的是要预先声明，我们不想打一场延伸到太空的战争。所以我们必须找到方法，将我们收集的海量数据整合到操作系统中，以机器的速度存储、共享和比较。仅仅依靠人类分析太慢了，我们需要运用人工智能以所需的决策速度赢得明天的战场。”

（四）对中国航天十分重视

针对中国航天的飞速发展，约翰·雷蒙德上将曾于 2020 年 12

---

① Tyler Whiting. Space Flag, the premier exercise for training space forces, successfully concludes [EB/OL], 2020 - 08 - 24 [2021 - 10 - 29]. https://www.aerotechnews.com/blog/2020/08/24/space - flag - the - premier - exercise - for - training - space - forces - successfully - concludes.

月 17 日在 TechCrunch（科技博客）主办的一次在线活动上说："中国从 0 发展到 60 的速度真快。几十年前，中国还不具备开展太空活动的能力，但今天毋庸置疑成为了重要的参与者。中国航天在坚强且科学的计划下有条不紊地发展着。"

雷蒙德表示，中国在太空的跨越式发展导致了我们对国家安全的担忧，中国也在建设航天力量以获得自己的优势，就像美国依托航天力量获取优势一样。并且中国还在培养一系列使美国无法进入太空、阻止美国拥有太空领域优势的能力。中国是美国在太空竞争中的一个有思想的对手，所造成的太空威胁是近在眼前且令人忧虑的。

雷蒙德任职太空空间司令部时曾提出太空司令部建设的几项原则，例如：太空空间司令部需在联合作战中发挥领导作用；太空空间司令部将致力于联合作战；太空空间司令部必须为美国战略司令部服务；司令部应当继续发展合作伙伴关系以提升实力等。

总的来说，雷蒙德的想法对于未来太空战争的指向性更强，就战场论战场，一切以使美军领先发展为先导条件。他倡导合作，力求创新训练方式，也更加关注时时出现的各种威胁。

五、谋求美国太空军绝对独立的国防部副助理部长①

2017 年 5 月 18 日，美国国防部宣布，国防部长詹姆斯 · 马蒂斯（James Mattis）任命斯蒂芬 · 基泰（Stephen L. Kitay）为国防部负责太空政策的副助理部长。其岗位职责包括：制定政策和指导方针，使美国和盟国的作战人员了解太空领域的利益；指导国务院处理与太空有关的问题，并负责相关国际空间合作部门的活动。

---

① 原载于 2020 年 3 月 1 日"一言航天"公众号，有删改。

（一）基泰任职前的职业生涯

基泰拥有雪城大学电子工程学士学位和西佛罗里达大学工商管理硕士学位。在担任国防部副助理部长之前，基泰的职业经历也是相当精彩，在多种身份的转换间如鱼得水，游刃有余。

1. 空军军官

曾服役于空军部队的基泰，在国家空间安全军需和武器项目中，尤其在大规模军械空中爆炸（MOBA）上进行各种采办、研究和开发活动，积累起丰富的工程管理经验。

2. 政府文职人员

在加入众议院军事委员会（House Armed Services Committee）之前，基泰曾在情报部门担任政府文职人员，参与多项国家情报项目，包括国家侦察办公室（National Reconnaissance Office）的空间系统。

3. 众议院军事委员会战略力量小组委员会人员

曾在国防部情报政策、项目和预算监督委员会（Committee on Oversight of Intelligence Policy, Programs and Budget）工作过的基泰还担任过众议院军事委员会战略力量小组委员会的专业工作人员。在这个职位上，他负责向委员会主席和成员提供有关国防部国家安全的太空计划、政策以及预算的建议。

（二）基泰前期工作的主旋律——谋求美国太空部队绝对独立

绝对独立，就是独立于空军！

基泰是独立太空力量的早期倡导者，也是 2017 年众议院军事委员会法案的起草人之一。他表示，太空部队应该准备“忍受成长的艰辛”，国防部和国会需要帮助新力量的发展，而一个主要问题就是太空部队是否有发展自己存在的喘息空间。“我们必须抱有创意。太空与大气层以内不同，我们必须确保太空部队不只是空军重塑品牌的一部分。大约 1.5 万名太空专业人员将构成这一力量的核心，这是一个精英群体，太空专业人员（他们还没有正式的名字）应该得到授权，但也应该得到明确的指导和‘谨慎的监督’，以形成速度和创新的文化。”

他还指出，有必要让国会和公众了解太空对国家安全的重要性，以及它所面临的威胁。由美国国务院国际信息局出版的《美国电子期刊》（E Journal USA）从华盛顿报道，随着争夺太空主导地位的竞争加剧，美国面临对手们的挑战日益艰难，这引起了五角大楼决策者的真正担忧。作为美国国防部负责太空政策的副助理部长斯蒂芬·基泰在上任后的首次媒体采访中告诉“太空新闻”：“威胁正在迅速加大，我们需要保持领先。我们绝对需要加快行动，太空不是一片宁静的海洋。”①

在众议院军事委员会战略力量小组委员会工作时，他曾担任主席迈克·罗杰斯的顾问，并密切参与国家安全空间项目、政策和预算的监督。而战略力量小组委员会在过去一年中一直在推动军事领域的改革，这些改革即将成为法律。基泰对此解释道：“我们在乎这个的原因是我们的陆军、海军、空军和海军陆战队都依赖太空。我们的国家领导地位依赖于太空，而太空支撑着我们 19 万亿美元的经济和美国人的生活方式。太空行动将直接影响未来冲突或危机的结

① Sandra Erwin. DoD space policy chief：‘It's imperative that we innovate’［EB/OL］，2017 - 12 - 04［2021 - 10 - 29］. https：//spacenews. com/dod - space - policy - chief - its - imperative - that - we - innovate.

果。如果军方被拒绝使用卫星，那么战场上的部队将面临风险，国家安全也将受到威胁。这就是我们需要太空部队的原因。世界在改变，军队也需要随之改变。”

基泰坚持认为，国防部必须完全改变其对太空的看法。“我们必须转变我们对太空的态度，不仅要把它作为一种支援功能，而且要把它本身作为一个作战领域。在这个领域里，我们必须遏制侵略，为竞争做好准备，并在威慑失败时做好抵御敌对行动的准备。建立一支新的军队是一个重大举措，我们向国会提议建立一支新的武装力量，这是我们 70 多年来从未做过的事情。我们认为，现在是时候在结构上调整我们的姿态，让太空在我们的国家安全中发挥一定的作用。”

（三）基泰认为美国太空部队并未完成绝对独立

基泰曾多次在公开场合表明自己的态度，认为美国太空部队并未完成绝对独立。

2018 年 5 月，基泰在国会山的米切尔研究所的一个活动上说，他不想先于白宫做出决定，也不愿透露过度的具体细节。他指出，太空态势感知是一个复杂的任务，目前在轨运行的卫星就有 1500 颗。国防部对太空中大约 2 万个 10 厘米或者更大的物体进行监控，然而还有成千上万个更小的物体，混乱可能很快就会达到令人担忧的程度。“你已经看到了未来的商业计划。如果他们实现了，人们看到的将是成千上万的卫星星座。这些物体以每小时数千英里的速度移动。有些小型卫星可能没有主动推进装置。我们应该考虑如何维持这个领域长期的安全和可持续性，使我们都能从中受益。这是一个需要重点关注的领域。”他补充说，五角大楼将继续密切参与这一任务，“太空态势感知对我们来说是一个关键的任务，我们将继续维护这些资源和传感器。随着时间的推移，必须制定出一些细节。企业领域发生了很多事情，我们希望确保利用商业技术的进步。”

2018 年 10 月 10 日，基泰在弗吉尼亚州阿灵顿举行的 AFCEA 工业活动上说：“我们提出了我们的建议，但无法预测国会将采取什么行动。我们将回答任何问题，我们会进行回应。”在 AFCEA 会议上，基泰表示参议院的语言是有问题的，因为它没有提供国防部立项所需要的授权。“拥有权力是关键。没有国会授权，我们实际上不可能发展第六个分支，而国会授权之后将通过成为法律。”基泰说，众议院建议设立太空部队作为第六支武装力量，而参议院则建议通过“改变空军内部结构和建立新的架构链”来建立太空部队。例如，参议院将空军太空司令部重新命名为美国太空部队，但没有将其称为“第六部门”。基泰承认，国防部会改进有关太空部队的信息，太空部队将在国防部内统一“与太空相关的活动”。

2018 年 10 月 25 日，在美国沃纳 · 冯 · 布劳恩纪念研讨会上，基泰指出，政府会在 2019 年 2 月提交包含 2020 财政年度预算的一部分请求的立法提案，授权创建太空军事力量作为一个独立的分支。他谈到太空部队时说：“这将是一支专注于太空和满足我们太空需求的部队，这支部队将培养国家安全空间专业人员，并将发展具有必要理论和能力的联合作战人员，以确保我们可以将战争和赢得战争延伸到太空。太空部队是更广泛的军事太空能力重组计划的一部分，该计划还包括重建美国太空司令部和创建一个新的太空发展机构来处理太空采购。”

基泰认为，这些力量与整体国防战略有关，包括对来自俄罗斯等国日益增长的威胁的担忧。实施这些雄心勃勃的太空改革计划，是因为大国竞争现在是美国国家安全的首要焦点，美国不能在这场竞争中失去优势。基泰曾是众议院军事委员会战略力量小组委员会的一名工作人员，根据他的经验，议员们对太空之于国家安全的重要性以及所面临的威胁有着“不断加深的理解”。然而，还需要做更多的工作来让成员们提高警惕。他说：“我们正在努力使国会和美国人民更多地了解这些威胁的严重性以及太空的重要性。”

当被问及让国会批准建立太空部队的前景时，他拒绝提供具体的预测，一旦政府提交立法提案，这将是一场令人兴奋和有趣的讨论。对太空威胁进行教育的必要性已经超出了国会的范围。他指出，公众并不完全了解太空对国家安全的重要性，因此容易对太空部队的行动产生“错误认知”。“我认为人们不一定理解我们在说什么，他们不明白这些卫星对国家安全和我们的生活方式有多么重要，我们在教育公众方面还有很长的路要走。”

（四）基泰极力强调美国太空部队绝对独立的重要性

2020 年 2 月 6 日，在国会山举行的米切尔研究所的活动上，基泰称：“我们不断发展的国防太空战略仍在制定和协调之中。建立一支独立的太空部队是一项新的重大发展，必须体现在国防部的太空战略中。”

以特朗普政府 2018 年的国防战略为基础，《太空行动计划》将被提上日程。该战略称，国防部应准备面对崛起军事大国的挑战。基泰指出，太空战略的制定围绕三大支柱：保持太空优势、为美国及其盟国军队提供太空支持、确保太空稳定。数十年来，国防部一直在开展一些国家安全太空活动，但新的现实是，对手拥有更先进的武器，旨在瞄准美国军事卫星，并在逐渐剥夺美国的重要军事优势。因此将“我们必须保护美国及其盟友，以确保该地区的安全”作为新的任务十分有必要。“国防部太空战略的思路是，保卫美国进入外层空间的能力与海军在海上提供安全保障的能力相当，使国际贸易和船只在共同水域安全通行成为可能。我们必须保持持续的存在，并提供进出太空的安全。由于美国如此依赖太空，我们将因太空领域的不稳定而损失惨重”。基泰说道，“海军力量帮助引导了我的思考，太空和海军实力之间存在‘强烈的类比’。海洋和外层空间是国家实力、繁荣和地位不可或缺的‘源泉和渠道’。两者对贸易、经济和外交都至关重要。随着太空经济的发展，我们必须维护太空安全和进入太空的通道安全。太空部队还必须更广泛地思考太空安全意味着什么。例如，这意味着不受限于部署国家安全卫星的传统轨道。军方专注于低、中、高地球轨道。而美国航空航天局考虑的远不止这些，他们考虑的是地月空间。从国家安全的角度来看，探索并不是我们的使命。但如果我们看到地球同步轨道以外的威胁，我们需要做好准备，让太空态势感知扩展到这些区域之外。”

“太空现在是一个作战领域。我们必须准备应对这一挑战。美国需要不受限制地进入太空，并在太空自由活动，以促进美国的安全、经济繁荣和科学知识。”太空需要“政府的整体政策和战略”，首要任务包括“保护和促进我们在太空的切身利益，以考虑太空交通管理的未来”。在这种考量下，他表示强烈支持总统的计划。

六、新任局长上台，太空发展局何去何从①

德里克·图尔内尔博士目前是负责研究与工程的国防部副部长办公室太空发展局局长（Space Development Agency，SDA）。太空发展局将统一和整合整个部门的空间能力开发和部署，以实现国防部的空间愿景，同时减少重叠和低效率。德里克的专长就是技术开发，

---

① 原载于2020年4月27日“一言航天”公众号，有删改。参考美国国防部官网相关地址：https：//www. defense. gov/About/Biographies/Biography/Article/1853377/derek – m – tournear – phd.

善于启动和执行大规模的国防计划，并通过高效、多样化的投资组合管理，实现战略目标。其目标是：通过基于科学突破的培养技术解决方案，提高美国的安全保障。

（一）此前职业生涯

在担任局长之前，德里克·图尔内尔博士是国家情报总监办公室的情报高级研究项目活动部（IARPA）的高级负责人。在IARPA，德里克·图尔内尔博士担任空间活动和空间技术的高级科学家。在加入IARPA之前，德里克·图尔内尔博士是高级研究计划署（DARPA）、战术技术办公室和战略技术办公室的负责人，在此期间，他曾发起并指导一个以传感器和空间为重点的大型项目组合。德里克·图尔内尔博士也曾在工业领域担任过领导职务，担任哈里斯空间与情报（SIS）研发总监，在洛斯阿拉莫斯国家实验室（LANL）管理情报和国防项目，在LANL工作期间，他开创了伽马射线光学新领域，并开发了用于核材料探测的传感器。德里克·图尔内尔博士拥有斯坦福大学物理学博士学位和普渡大学理学博士学位。

（二）推动太空发展局转隶于美国太空部队之下

在《2020年国防授权法案》中，国会指示太空发展局不迟于2022年成为太空部队的一部分。对于这一举措，德里克·图尔内尔与SDA前任局长弗雷德·肯尼迪针锋相对。肯尼迪希望保持太空发展局的独立，这样能够使得SDA保持独立的思想、资源和发展规划，而SDA若转隶到太空部队，则需要服从于太空部队的发展框架。肯尼迪说："当有人谈到为提高效率而进行的合并时，我认为这已经是合并了，事实上，SDA 是一只非常小的狗，被一条非常大的尾巴摇来摇去。”太空部队本身就组建不久，还面临着许多问题，而太空发展局也自顾不暇，在这样的情况下，转隶对双方来说可能都没有好处，同时他认为军事太空资金已经整合，而太空发展局的预算很少，不到太空和导弹系统中心（Space and Missile Systems Center，SMSC）的 2%。德里克·图尔内尔则表示：最终，太空发展局将向美国太空部队报告。德里克·图尔内尔希望借助太空部队的项目、资金来发展自己的能力，如果 SDA 不能融入太空部队，随着太空部队的发展，SDA 的地位可能会受到影响。在 2020 年 2 月 6 日的一次研讨会上，德里克·图尔内尔说：“这就是我们的计划，这就是建立美国太空部队的目的。”不过，他补充说，此举的时机很重要，因为要确保 SDA 保持“资源、流程和价值观”。从目前来看，尽管德里克·图尔内尔表示自己支持 SDA 进入太空部队，但没有在公开场合拿出支持转隶的过硬理由，可能是因为前任局长肯尼迪明确表示不支持转隶而被替换，到德里克·图尔内尔上台后则必须表示支持，以此得到决策层的支持，从而站稳脚跟。

（三）面临混乱状态

国会让空军和太空部队领导人给出一个计划，能够汇集现有组织——尤其是美国太空和导弹系统中心（SMC）、太空快速能力办公室（the Space Rapid Capabilities Office，SRCO）、太空发展局。SDA 目前独立于太空部队运作，但是 SMC 和 SRCO 已经隶属于太空部队，任何类型的合并重组都可能很快变得一团糟。在太空发展局加入太空部队之前，SDA 都将推进在太空服务建立之前就计划好的项目，但前 SDA 局长弗雷德·肯尼迪说，尽管太空发展局得到了国防部的支持，但它处境艰难。SDA 面临的另一个迫在眉睫的问题是，它将如何与导弹防御局（Missile Defense Agency）合作。值得一提的是，在空间传感器层这一项目上，美国国会2019年表示，不希望SDA牵头这项工作，并向导弹防御局提供了1.08亿美元启动空间传感器层。但在2021年的预算提案中，五角大楼将把空间传感器层的资金转移到SDA。但是，国会这次是会同意，还是会把这笔钱直接拨给导弹防御局，这是一个悬而未决的问题。对此，图尔内尔表示，在空间传感器层，导弹防御局是合作伙伴，而不是竞争对手。美国空军和太空部队官员表示，五角大楼正在就SDA的未来发展进行讨论。太空发展局未来的职能定位、具体行动具有很大的不确定性，图尔内尔面临着一个混乱的局面，如果他足够强硬支持转隶，太空发展局可能会给美国太空部队提供颠覆性技术的创新支撑，但如果图尔内尔的立场并不坚定，将增加太空发展局未来发展的不确定性。

七、太空军副部长谈数据管理政策[①]

太空军负责作战、网络与核的副部长钱斯·萨尔茨曼中将2020年10月16日在与米歇尔研究所的交流会上指出："数据管理政策中会有一些漏洞，我们只需要立即识别出来，并能够迅速地解决问题以消除威胁。"

萨尔茨曼中将早在2017年就负责过创建空军的联合全域指挥控制的前身——多域指挥控制项目。如今多域指挥控制正逐渐发展为联合全域指挥控制。

美国国防部必须进行一项基础性的"重新设计数据管理系统"

---

① 原载于2020年11月1日"一言航天"公众号，有删改。参考米歇尔研究所网站相关地址：https：//mitchellaerospacepower. org/event/space－power－forum－lt－gen－b－chance－saltzman。

工作，以便成功地创建一个联合全域指挥控制网络，部署未来信息战。

萨尔茨曼中将在米歇尔研究所研讨会上说:“我认为，数据管理及其安全性相关的政策，是目前这个工作的一大障碍。”彻底改革国防部和各军种数据共享的方式，既有技术上的挑战，也有政策上的挑战。联合全域指挥控制将依赖于允许全球范围内，跨越各种安全级别的大量数据快速、无缝地流向用户的系统。此外，需确保访问数据时免遭敌人的干扰或拦截。

萨尔茨曼中将表示，除了收集所需的所有数据并将其便捷地提供给需要的人这个挑战之外，“跨多个安全层共享信息”也是一大难题。

他进一步详细说明：“得益于我们在国防部内部构建数据结构、通道等的方式，这目前在技术上是可行的，我们正在努力实现它。我们的链接和节点结构并不是真正为基于云的结构和移动数据而构建的。我们仍然喜欢直接传送，喜欢防火墙（来确保安全）。”

尽管高级领导人逐渐认识到了信息需要自由流动，但国防部和各军种的安全政策很难改革。实际上，不同的军种通常以不同的方式应用安全分类和数据访问，这使精简工作复杂化。

此外，萨尔茨曼中将提到，国防部的许多人仍然对保密问题持过于保守的态度。“如何以联合全域指挥控制所要求的更具响应性的方式管理数据，我们还是有点拘泥于旧的思维模式。”他认为，有必要让所有人都明白，“我们没有冒险，我们是在转移风险，并且在我们传输数据的过程中管理风险。这是我们必须实现的思维转变”。保护数据和网络的方法不能再以“高墙护城河”为基础。相反，考虑网络安全风险的关键——尤其是对太空军而言，它提供了支撑联合全域指挥控制所需的许多数据网络，而网络安全是其基本任务——必须认识到总会有“敌人潜入”网络。

萨尔茨曼中将说："我更喜欢把它比作体内的免疫系统。事态会发生变化，因此我们必须保持联系，共享信息。当出现漏洞时，我们需立即认识到这些问题，然后才能迅速解决。"

萨尔茨曼中将应该了解情况。早在2017年，他就负责创建空军的联合全域指挥控制的前身——多域指挥控制项目。他笑着说："作为多域指挥控制的开创者并看着它成长为联合全域指挥控制，我感到骄傲。"支持联合全域指挥控制的大多数关键准则，都是在多域指挥控制项目的努力下发展起来的，包括对通用数据标准、通用互联网协议、可广泛访问的数据以及弹性、自愈网络的依赖，这些都已被空军高级作战管理系统"On Ramps"演习和陆军"融合项目"演习证明是可行的。萨尔茨曼中将表示："所以，我知道我们走的路是正确的。让我感到高兴的是，我真的觉得，当我们开始开发系统并把它应用到生活中时，多域指挥控制项目团队就建立了一个基础性的准则，这些准则现在正在被有效地应用。"

他补充道："然而，让我担心的是我们还需要很多时间。但我认为，这正是一个大型组织试图跨多个战线进行多军种、多演练、多个采购项目的本质。所以我们必须有耐心。"

萨尔茨曼中将在这次讨论中，明确指出联合全域指挥控制需要国防部对数据管理政策进行彻底改革，国防部无法确保关键数据的共享实时性、安全性和可用性。虽然美国防部和各军种的数据管理及其安全性相关问题还存在许多挑战，比如高级领导人仍有些拘泥于旧的思维模式，并且政策的改革实施也是一大难题。但是从萨尔茨曼中将此次发言来看，他保持着较为乐观的态度，完成更加适应联合全域指挥控制的数据管理系统的改革只是时间问题。

八、着眼未来的学者型领导——约翰·肖[①]

美国空军部长芭芭拉·巴雷特于2019年12月30日宣布，美国空军第14航空队已于12月20日正式更名为太空作战司令部（SPOC），[②] 成为新组建的美国太空军的下属单位。

第14航空队此前负责美国空军太空作战力量的组织、训练、装备、指挥、控制和运用，而更名后的SPOC的任务包括天域感知、太空电子战、卫星通信、导弹预警、核爆探测、环境监测、军事情报监视与侦察、导航战、指挥控制，以及定位、导航与授时等等。其驻地仍设在美国加利福尼亚州范登堡空军基地，更名后的基地主官是现任太空司令部副司令，原第14航空队司令约翰·肖。

约翰·肖于1990年加入空军，是美国空军学院杰出的毕业生。他曾服务于各种空中和太空作战相关职位，包括在第50空间联队、国家侦察局、第32空中行动组和太空作战中心执行任务。他的作战指挥包括第4太空作战中队、第50作战群和第21太空联队。他还曾在美国战略司令部担任指挥官行动小组主任和行动副主任，并在弗吉尼亚州阿灵顿的五角大楼担任助理，担任太空战略和一体化副主任，撰写演讲稿和担任高级太空政策顾问。

担任美国太空司令部联合部队空间部分司令部的指挥官时，肖将1.7万多个节点和人员任务计划相结合、集成、评估，以提供作战指挥官、联盟伙伴、联合部队和国家作战相关的太空能力。肖少

---

① 原载于2020年1月24日“一言航天”公众号，有删改。

② Doug Messier. 14th Air Force Redesignated as Space Operations Command (SPOC) [EB/OL], 2020－01－02 [2021－10－21]. http://www.parabolicarc.com/2020/01/02/14th－air－force－redesignated－as－space－operations－command－spoc.

将通过4个不同的、地理上分散的作战中心规划和执行空间作战。包括：范登堡空军基地的联合空间作战中心；位于科罗拉多州夏延山空军基地的导弹预警中心；位于科罗拉多州巴克利空军基地的联合过顶持续红外计划中心；位于新墨西哥州科特兰空军基地的联合导航作战中心。

（一）个人特点

1. 热心学术

肖在美国空军太空司令部太空未来研讨会上指出，太空作为一个有争议的战争领域如何推动了美国政府的巨大变化，并推动了研讨会等相关方面的合作。还说到："这就是人类社会发生最迅速变化的方式……这就是威胁的存在。""问题是：你如何保持领先的优势，并在威胁接近你之前迅速做出反应。这是我们面临的一大挑战。"

肖在2014—2017年间还多次担任《空天力量》杂志审稿人，曾编写《空间力量对历史的影响》[①] 和《空间力量何去何从，新世纪的战略选择》（该文中提到了21世纪空军和太空部队的问题）。

2. 着眼未来——肖在多个场合提到22世纪的战争

太空作战司令部是专注于"22世纪战争"的，且经验教训不仅来自空军，也来自陆军和海军或者其他机构部门。"我们有机会创造一种新的服务，从零开始，可以是一种作战服务——我一直告诉团队，甚至不要想未来10年甚至本世纪的作战服务；创建一个22世

① John Shaw. The Influence of Space Power upon History (1944 – 1998) [EB/OL], [2021 – 10 – 30] https: //www. airuniversity. af. edu/Portals/10/ASPJ/journals/Chronicles/shaw. pdf.

纪的作战服务”，他补充道。[①]

3. 眼光独特——太空部队应该独立，而不是孤立

该军种需要在与其他军种、作战域的整合和独立处理太空挑战之间保持平衡。这种平衡需要在太空部队刚成立时就处理好，因为潜在敌人正在迅速发展自身的太空能力，以阻止美国及盟国在危机或冲突中进入太空。

4. 提出新问题、指出新方向

他表示，美国军事太空领导人正致力于将太空能力与各种服务整合起来，并改善与盟国的伙伴关系。作为该组织的领导人，约翰·肖少将负责为作战人员提供太空能力。随着美国太空司令部和太空部队分别于 2019 年 8 月和 12 月成立，美国军方继续重塑其太空力量。肖提到的第一个问题是，我们如何持续不懈地推动整个战争领域的一体化？为了做到这一点，美国太空司令部需要与这些服务建立通信链。他补充说，由于 21 世纪的战争预计将比以往任何时候都要快，这些通信线路将需要能够快速传递信息。接下来，肖说，他正在寻求与盟友和伙伴的力量和伙伴关系，而且最近几个月已经取得了进展。2019 年 12 月，新西兰参加了由英国、加拿大、澳大利亚和美国组成的“五眼空间行动中心”的每周例会。

5. 浅谈纳新

肖谈到招募时表示，年轻人可能对太空技术感兴趣，应该向他们多多介绍太空中的各种非常想象，如果不这样做，他们就不会考

---

① THERESA HITCHENS. DoD Wants Army, Navy To Join Space Force; May Ask Hill For Help [EB/OL], 2020-01-10 [2021-10-29]. https://breakingdefense.com/2020/01/dod-wants-army-navy-to-join-space-force-may-ask-hill-for-help.

虑参军，所以我们可以利用太空给年轻人带来的兴奋感。

爱搞学术研究的约翰·肖兼顾着太空部队的大势走向，以及对22世纪战争犀利的见解，在他领导下的太空部队将会走向何方，让我们拭目以待。

第八章 《天权》理论思想贡献者

一、第9太空德尔塔支队指挥官&《天权》撰写组组长——凯西·比尔德上校①

2020年8月10日，美国太空军发布顶层出版物《天权》。作为第一部由太空军独立发表的顶层条令，它的诞生有着里程碑意义。

前不久，美太空军成立了9个德尔塔支队，他们作为太空军的主要部队，既参与了条令的编写，也将是条令的主要落实者。《天权》条令第一版（SCP－A）的编写组组长正是施里弗基地第9太空德尔塔支队指挥官凯西·比尔德上校（Col. Casey M. Beard）。

“这是一个自愿的联盟”，比尔德表示，写这个条令的工作开始于一群人的基层努力。“我们于2019年8月开始工作，每两周开会一次——集思广益、小组辩论、勾勒大纲，以及分配章节起草。”②

---

① 原载于2020年9月5日“一言航天”公众号，有删改。

② Nathan Strout. Space Force defines ‘spacepower’ in capstone doctrine［EB/OL］，2020－08－11［2021－10－30］. https：//www. c4isrnet. com/battlefield－tech/space/2020/08/11/space－force－defines－spacepower－in－capstone－doctrine.

（一）凯西·比尔德履历突出，历练了太空部队诸多岗位，深谙太空作战和战略政策

丰富的教育经历，以及在美国太空部队中的广泛任职，积累的经验和人脉，很大程度上决定了比尔德能够胜任《天权》条令编写组组长的职位。他是当前美国太空军作战部长雷蒙德上将本科母校——克莱姆森大学的校友。在比尔德服役美军的 19 年里，他先后在空军军官学校、美国军事大学、空军武器学院、空军指挥与参谋学院、空军高等空天研究院和国家战争学院接受专业教育和培训，历练了卫星通信、太空态势感知、太空控制等作战岗位，深谙太空作战和战略政策。

（二）凯西·比尔德重视对新人的发掘

虽然凯西·比尔德教育和任职履历双双过硬，算得上美国太空军里的中流砥柱，但同时他并没有放松于对新人和创新思想的发掘。

不同于直观经验，《天权》条令编写小组的成员并非全是资深军官，军衔分布是上至上校下至技术军士，不乏从军校毕业不久的年轻人。如条令主作者肯尼·格罗斯林（Kenny Grosselin）虽仅是少校军衔，但他撰写的论文《太空力量的军事文化》① 作为 2019 年度“施里弗论文奖”获奖论文，在上层大获赏识。同期获奖论文《学习借鉴其他作战域，实施太空作战架构》② 的作者布兰登·达文波特

---

① Kenny Grosselin. A Culture of Military Spacepower [EB/OL], 2020 [2021 - 10 - 30]. https://www.airuniversity.af.edu/Portals/10/ASPJ/journals/Volume - 34_Issue - 1/SEA - Grosselin.pdf.

② Brandon Davenport. On Implementing a Space War - Fighting Construct [EB/OL], 2020 [2021 - 10 - 30]. https://www.airuniversity.af.edu/Portals/10/ASPJ/journals/Volume - 34_Issue - 1/SEA - Davenport.pdf.

（Brandon Davenport）也是条令的撰写人员，他们的许多思想都体现在条令中。

（三）凯西·比尔德看重太空军新概念的发展和投资

在新的太空军条令里，“太空机动和后勤”被确定为太空军的核心能力。比尔德认为，太空军将需要为响应发射行动和太空后勤定义概念，“我们现在必须对这些能力和概念进行投资，以迎接更复杂的环境。”当在采访中被问及太空军是否准备开始提供机动和后勤服务，还是只是对这些概念“有抱负”时，比尔德回答：“它更侧重于一种目标，而不是抱负，这是我们需要追求的。”

第 9 德尔塔支队（Delta 9）是美国太空军的一个组成部分，于 2020 年 7 月 24 日成立并启用。其总部设在科罗拉多州施里弗空军基地，由三个现役中队组成：第 1 和第 3 太空作战中队、第 9 德尔塔支队作战支援中队，还有 1 个作战分队。

任务：第 9 德尔塔支队的任务是预备、展现和部署指定及附属的作战力量，以执行保护和防卫行动，并为国家决策当局提供反应选项，以威慑和在必要时击败轨道威胁。此外，第 9 德尔塔支队还通过开展天基战场太空特征识别行动来支持太空域态势感知，并为美国太空军进行在轨实验和技术演示。

组织：第 1 太空作战中队指挥天基战场太空特征识别行动，以支持太空域态势感知；运行天基太空监视、先进技术风险降低、太空作战响应和地球同步太空态势感知项目，以支持太空司令部的要求。

第 3 太空作战中队负责轨道作战，以支持太空司令部的要求。

第 9 德尔塔支队作战支援中队通过建立、发展和装备用于轨道战的太空专业人员团队，确保第 9 德尔塔支队的战斗准备。该中队负责人员培训、情报、武器和战术，以及必要的其他作战支持，使第 9 太空德尔塔支队能够在整个冲突范围内执行其在轨保护和防卫任务。

第 9 德尔塔支队作战分队负责监督 X－37B 轨道测试飞行器的运行，该实验项目旨在为美国太空军演示可靠的、可重复使用的、非载人的太空测试平台技术。

历史：该联队前身是第 750 作战小组，成立于 2020 年 6 月 19 日。作为美国太空军结构变化的一部分，该团体在 2020 年 7 月 24 日被重新命名为第 9 德尔塔支队。第 9 德尔塔支队没有与前空军单位有关的纹章。（截至 2020 年 7 月）

二、美国太空军“战争文化”的急先锋——肯尼斯·格罗斯林①

肯尼斯·格罗斯林，美国太空军太空顶层出版物《天权》条令的主作者。

（一）思想先锋、年少有为

肯尼斯·格罗斯林少校是 2019 年施里弗征文比赛的亚军获得者。他主张太空力量的军事文化由服务文化向战争文化转变。他在获奖论文中提到：“服务文化不再适合军事太空行动”，“从服务文化向战争文化的转变，意味着某些行为的改变。技术人员成为战术家，调度人员成为任务规划者，系统值班人员成为战斗管理者。在一种战争文化中，对胜利的渴求产生了顽强的战斗精神和战胜对手的坚强决心”。

他曾获得美国空军年度学员的荣誉，名字被刻在五角大楼的

① 原载于 2020 年 10 月 15 日“一言航天”公众号，有删改。

“空军中队之剑”上。

（二）苦学为战、不断深造

肯尼斯·格罗斯林本科毕业于美国空军学院，于2008年获得理学学士学位，紧接着又开始了在全美最大的公共政策分析博士学位授予点——帕蒂兰德研究生院的学习，并于2011年获得政策分析（运筹学）博士学位。此外，他于2020年在乔治敦大学获得了政策管理硕士学位。

他数次参加聚焦太空作战的培训，增强了在太空抵近作战、近地轨道监视侦察等方面的业务能力，并获得相关资格认证。

（三）摔打历练、履职丰富

在公开的报道中，肯尼斯·格罗斯林经历了多次的任职调整。他曾在兰德公司当过助理政策分析师，也曾在施里弗空军基地、彼得森空军基地等多个基地任职，还在华盛顿哥伦比亚特区担任过空军研究员。丰富的任职经历丰富了他的思想。理论来源于实践，作为美军“战争文化”的急先锋，他的思想主张与他丰富的履历是密不可分的。

三、美国太空“鸽派”眼中的竞争与合作①

大国竞争愈演愈烈，在大国竞争中太空逐渐成为一个热点，由

① 原载于2020年11月6日“一言航天”公众号，有删改。

于太空的浩瀚、航天器的昂贵以及太空冲突的升级，太空合作逐渐成为航天大国的一种政治和外交手段，国际太空活动呈现出激烈竞争与深度合作相互交织的局面。

长期以来，维持大国关系被视为维持全球稳定的关键，这对全球经济的发展都是必不可少的。“鸽派”人物约翰逊·弗里斯（Johnson - Freese）就主张美国和其他航天大国在太空方面展开合作，从而实现人类共同进步。弗里斯有多年的教学和撰写有关太空安全问题研究报告的经验，几年前她开始将注意力转向妇女、和平与安全议程。在《21 世纪的太空战争》中，她对军事在太空中的作用持有批判的观点，对指导军事太空计划和太空作战的基本战略假设提出了挑战。①

她的主要观点是美国在为保持太空优势和太空控制的行动中的“优越论者”思维是不必要的挑衅，这种态度使那些潜在对手对美国太空资产的打击成为一种可能。美国通过“优越论者”理念在太空中为其自身制造一个安全环境，“优越论者”的做法是 20 世纪 90 年代冷战末期世界成为单极后美国“自恋和自大”的产物。美国决策者尚未接受中国的崛起和俄罗斯的顽固，美国政策制定者正在与美国的最大利益背道而驰，美国似乎已经陷入了“修昔底德陷阱”。发展太空军事力量是确保美国太空行动自由的主要手段，但有可能引发新一轮军备竞赛，这样使得与俄罗斯等国的太空战变得不可避免。

为了使美国摆脱与俄罗斯的“竞争螺旋”（competition spiral），弗里斯主张将重点从军事控制太空转移到外交。她希望摆脱“竞争螺旋”，而要实现“合作螺旋”（cooperation spiral），即美国和其他航天大国尤其要在太空计划方面进行合作，以促进全人类的进步。

---

① Joan Johnson - Freese. Space Warfare in the 21st Century：Arming the Heavens［EB/OL］，2017 - 07 - 27［2021 - 10 - 21］. https：//www. tandfonline. com/doi/abs/10. 1080/14777622. 2017. 1339257.

她希望美国更加积极主动地制定条约，以建立和平利用太空的国际准则，并希望各主管部门停止阻碍联合国的国际协定和决议取得进展。这种对国际规范的承诺以及对“好战”对话的限制，将使美国重新占领太空的道德制高点。外交上的进步可能会得到“大笔交易”，以适应其他大国的崛起，使美国人得到满意的安全利益。

四、“是时候制定有关天权的主张了”——迈克尔·史密斯[①]

迈克尔·史密斯博士，美国空军上校（已退休），是美国空军指挥参谋学院“施里弗学者”计划的副教授。他于2016年8月从现役退休，担任高级太空与空间研究学院的指挥太空作战官，并担任战略太空研究教授。他曾在各种飞行、太空和导弹任务中服役，并在美国空军武器学校任教。后来他在“伊拉克自由行动”期间担任五角大楼战略规划委员会的首席制空权和天权战略师，为联合参谋部和国防部长提供建议。他是《关于天权的十个主张》和《美国需要美国太空兵》的作者，这引起了国会和总统对独立太空服务的兴趣。

“当政治和军事领导人思考太空行动的未来时，是时候制定有关天权的主张了。”《关于天权的十个主张》试图回答这样一个问题：“天权的本质是什么？”它还检验了航空航天学院的假设，即天权只是制空权的延续或扩展。在这项工作中，有两点最为重要。首先，天权和制空权是不同的，尽管两者在作战的垂直维度上是相同的。其次，太空行动已经成熟到了拥有独立的理论体系使其不同于制空权。用来推导这些命题的方法涉及到艺术研究，这些研究得出了一

① 原载于2020年10月16日“一言航天”公众号，有删改。

长串的结论。这份清单经过了三年多时间的集思广益，由几位太空专家（其中大多数是有作战经验的太空武器官员）共同拟定，最后被精心提炼为10个最突出的主张。作者遵循了菲利普·S. 梅林格上校的方法，在关于天权的十个命题中，将每个命题作为一个命题陈述，随后紧接支持材料。同时文章还对天权的一系列相关名词给出了定义，以及对天权方面的学校建设给出了建议。迈克尔·史密斯表明，这项工作的目的是刺激讨论和鼓励那些还不理解或欣赏现代战争中天权的本质的人。

五、研究冷战时期美国太空军事化的专家保罗·斯泰尔斯[①]

推进太空军事化一直是美国实现其“太空领导地位”的重要手段。随着美国太空军顶层出版物《天权》条令的发布，美国控制太空的野心昭然若揭。该条令引用了现为美国外交关系委员会（CFR）预防行动中心主任保罗·斯泰尔斯的关于太空军事化的见解。他对美苏争霸时期美国的太空战略进行过深入研究，认为太空安全对美国国家安全至关重要，应加快对太空的军事化应用。

1960年5月，美军U2侦察机在苏联上空的侦查活动失败，美国立即开始利用侦察卫星作为其冷战对手的主要战略情报的来源。保罗也由此开始研究美国对太空军事力量的依赖。他总结了美国军事太空计划的演变，强调了外层空间对美国国家安全的重要性。他在《太空和国家安全》一书中评估研制反卫星武器的长期成本和效益以及替代方案的可行性，认为应加快对太空的军事化应用来确保

① 原载于2020年10月16日“一言航天”公众号，有删改。

美国国家安全。他还详细审查了美国和苏联的军事空间计划，并探讨了太空的潜在军事用途，为后来美国太空军事化理论打下了基础。

随着全球化的不断推进，保罗认为，美国应积极寻求与其他国际组织进行合作来预防和处理地区冲突。他强调，单极时代已经真正地过去了，全球化趋势不可阻挡，美国早已是全球化的一部分，商品、资金、人员的流动将美国与其他国家前所未有地联系在一起，要想预防和处理地区冲突仅靠一个国家的力量是不可能的。美国应该联合像欧盟、非盟和东盟这样的国际组织共同处理和预防地区冲突，来减少代价高昂的军事行动。

六、太空竞赛背后故事的挖掘者——沃尔特·麦克杜格尔①

什么是太空竞赛？开展的动机是什么？它如何与当时的其他政治项目联系起来？麦克杜格尔在其著作《天地：太空时代的政治史》中比之前或之后的任何人都更好地回答了这些问题。② 这本书将太空竞赛视为比较公共政策中的一个问题。麦克杜格尔借鉴了已发表的文献、美国和欧洲的档案资料、对许多主要参与者的采访以及重要的解密材料，例如国家安全委员会关于太空的第一份政策文件，研究了美国、欧洲和苏联的太空计划和政治。麦克杜格尔简短地介绍了19世纪末期的俄国火箭先驱尼古拉·基巴尔契奇，认为苏联首先进入太空是因为它是世界上第一个“技术官僚主义”国家，他将其定义为“技术变革的制度化”为国家目的。麦克杜格尔作为一名有

---

① 原载于2020年10月12日“一言航天”公众号，有删改。

② Mcdougall W A. The heavens and the earth：a political history of the space age［M］. American Council of Learned Societies，1985.

过参战经历的历史学教授，为《天权》的编写提供了大量的史料和相关理论研究成果。

七、大规模杀伤性武器专家——查尔斯·卢特斯[①]

查尔斯·卢特斯是华盛顿特区国防大学大规模杀伤性武器研究中心主任、国防大学国家战略研究所高级军事研究员。他的专业领域涉及生物与化学防御、生物安全、应对大规模杀伤性武器的威慑、防御，以及核力量等诸多方面。曾担任国防政策部副部长办公室反大规模杀伤性武器高级顾问、核力量和导弹防御部门的代理主任、联合参谋部 J－5 指挥部的大规模杀伤性武器分部负责人。他的研究重点是生物威胁、与拥有核武器的对手的冲突升级、东亚的延伸威慑以及颠覆性技术。

查尔斯·卢特斯在 2011 年和彼得·海斯等人合著的《迈向空间力量理论》[②] 论文选，集中对如何扩大、改革、完善和整合人类太空活动与全球化社会关系以及经济、政治、军事等方面之间的联系发表了许多观点，为《天权》的成书提供了重要思想依据，给日益复杂的空间环境评估指明了方向，下面简要列出该书中他提出的几个观点。

提出天权理论可用于太空作战指挥员和决策者的自我教育。太空权力的理论重在解释太空领域各类事物间的相互关系以及太空权力与政治之间的关系，这些内容都是一个太空指挥员的必修课目。

---

① 原载于 2020 年 10 月 12 日“一言航天”公众号，有删改。

② Charles D. Lutes, Peter L. Hays, Vincent A. Manzo, Lisa M. Yambrick, M. Elaine Bunn. Toward a Theory of Spacepower [EB/OL], 2011－02 [2021－10－29]. https://ndupress. ndu. edu/Portals/68/Documents/Books/spacepower. pdf.

强调太空能力与国家安全关系重大。太空能力对国家安全意义十分重大，他从空间武器、军备和美国国家安全战略三个方面对太空力量、空军力量和网络力量进行了详细的分析，强调太空和网络空间的相似性，并建议联合作战应建立一个统一的空中、太空与网络力量的指挥系统。

指出商业航天将对美国太空力量增长起到巨大推动作用。美国政府应为商业航天提供一个稳定的外部环境，并与之合作，推进美国在太空领域的利益，塑造全球太空产业优势。

八、太空武器化的强力推动者——詹姆斯·奥伯格[①]

随着越来越多的国家进入太空领域，太空力量运作的政治环境及太空安全环境发生了显著变化。太空力量从冷战和军事行动中汲取了丰富的历史经验，但是与陆地、空中或海上力量相比，太空力量并无太多实战经验和理论支持。

2019 年 12 月，特朗普签署《2020 财年国防授权法》，正式在空军部之下成立新军种——太空军，标志着美国已将太空域作为一个新的作战域。早在 20 世纪末詹姆斯·奥伯格（James Oberg）就撰写了《太空力量理论》[②] 一书，他以敏锐的洞察力，觉察到太空领域对于人类的重要性，其思想改变了美军对太空战争的看法，特别是外层太空武器的部署和使用及其政治影响。

与陆地、空中和海上力量相比，太空力量的使用和实践相当年轻。奥伯格认为，如同地面媒介（陆、海、空）一样，太空的武器

---

① 原载于 2020 年 10 月 10 日“一言航天”公众号，有删改。

② James Oberg. Space Power Theory ［EB/OL］. ［2021 - 10 - 30］ http：//www. jamesoberg. com/space_power_theory. pdf.

化是不可避免的，尽管方式和时间难以预测。他强调，美国必须大力发展太空技术以应对日趋复杂的太空环境。奥伯格曾说："在战争的战术和行动层面，太空无疑是一种独特的媒介，没有任何东西能将其置于战略之外。我们可能会争论太空武器化将作为近期或中期的一项政策选择的可取性，它可能是这样也可能是那样，但某种形式的武器化必然会发生。"

但是，奥伯格不希望太空成为一个"射击靶场"，因为用反卫星（ASAT）武器对他国卫星进行物理打击会产生大量空间碎片，不会赢得国际舆论的支持，也不利于国家的外交政策。所以，奥伯格提倡利用非破坏性的技术手段对敌方卫星进行攻击。他认为，美军应大力发展太空技术，提高天域感知能力，对卫星进行强化，以及增强对通信、侦察系统和其他卫星链路的冗余备份，为"太空珍珠港"事件提供足够的威慑态势。

奥伯格认为，太空战不是空战的延伸，而是独一无二的。1991年发生的海湾战争在人类战争史上具有划时代的意义。在海湾战争中，太空力量为美军作战行动提供了关键的侦察、预警、通信、导航、气象等服务，标志着太空支援开始从战略层次进入到战役战术层次。在20世纪90年代初以来的众多战争中，美国及其盟国越来越依赖太空力量来威胁和应用军事力量，这种军事主导地位主要来自太空力量，越来越多的国家利用太空实现自己的安全目标，并发展自己的反太空能力。

奥伯格还强调，对提升太空软实力加以关注，以提升美国的核心竞争力。随着太空技术在世界范围内的迅速传播，真正的太空强国可以有机、持续地创新发展而不是依靠在公开市场上购买。事实证明，研发、制造、发射和操作控制自己的太空力量而不依靠第三方来获得技术至关重要，该领域的技术能力无疑将兼顾了战略利益与经济利益。

九、太空部队独立成军的支持者——彼得·海斯[①]

2018 年 6 月 18 日，美国时任总统特朗普下令美国防部立即启动组建太空军，自此太空军独立于空军，成为美国第六军种。什么是美国太空部队独立的理论根源？为解答这个问题，本文将带大家探究彼得·海斯博士的太空部队独立成军思想。

彼得·海斯博士是“猎鹰”研究的高级空间政策分析师，为国防空间顾问部的主要工作人员提供支持，在那里他帮助制定和实施空间政策和战略举措。海斯博士拥有弗莱彻学院的博士学位，是美国空军学院的荣誉毕业生。他曾在白宫科技政策办公室和国家空间委员会实习，还曾在美国空军高等空军研究学院和国防大学教授太空政策课程。彼得·海斯从两方面提出了太空部队独立成军的可能。

（一）彼得·海斯从美国空军成立的历史进行分析，提出了太空部队独立成军的可能性

1907 年美国陆军通信兵组建航空科，这是美国空军的前身，到 1920 年陆军航空兵成为陆军的一个战斗兵种，经过第二次世界大战期间的大力扩编，1947 年正式组建与美国陆军和海军地位平等的空军，这是美国空军的发展历程。美国航天部队脱离空军，独立组建太空军，这一过程与美国空军发展有很多相似之处，美国太空军高级政策顾问彼得·海斯的理论为美国太空军的成立提供了一定的理论依据。

① 原载于 2020 年 10 月 2 日“一言航天”公众号，有删改。

（二）彼得·海斯指出太空力量在空军中陷入官僚主义困境，由此提出太空部队独立成军的必要性

美国太空军公开发表的太空顶层出版物《天权》条令引用了彼得·海斯于1994年发表的论文《向太空理论努力：冷战期间美国军事太空计划、项目和前景》中的相关思想。

他在这篇论文中指出：美国陆军和空军在太空中合理使用军事力量方面存在理论分歧，而产生这一分歧的原因是空军发展了“航空航天”概念。

美国空军声称，它应该对航空航天领域的行动负主要责任——它把这一地区定义为地球表面上不可分割的介质。太空时代的开放使空军陷入了一个类似但甚至比洲际弹道导弹出现时更困难的官僚困境。

在太空时代一开始，一系列的官僚压力迫使美国空军强调太空军事行动的重要性、其自身的空间专业知识，以及其对在航空航天这一媒介内执行军事任务的作战控制权的主张，以对抗其他军种的竞争速度要求。其他同时出现的官僚压力迫使空军保护自己的核心空中力量和不断增长的洲际弹道导弹任务，以免被过度的资金或对空间的重视所侵占。

因此，在处理空间问题时，空军被官僚化地引导到一个低潮和困难的概念上：一方面，它应该鼓吹和利用其空间能力和空间的一般军事潜力，以保持领先于其他军种可能的空间侵犯；另一方面，它不应强调军事空间系统的潜力，因为它们掩盖了传统的空军任务。

由此也产生了两种不同的观点：一个是强调航空航天概念发展的渐进式理论，另一个是主张太空对国家安全的重要贡献的革命性理论。前者将空中和太空媒介合并为一个概念性的作战媒介，并使用“aerospace”空间一词来表达这一概念。后者则建立在空军发展

的历史类比之上，强调太空力量将像空军发展历程一样，最终独立地占据主导地位。并使用“air/space”太空一词来表达这一概念。

彼得·海斯在文中支持将太空力量看作独立的力量，而不是空军的一部分，他的这一观点被收入太空部队第一部条令《天权》中，为太空部队独立成军提供了有力的理论依据。

十、星球大战计划的重要参与者——皮特·沃登[①]

皮特·沃登曾任突破奖基金会主席，曾任美国宇航局艾姆斯研究中心主任，亚利桑那大学天文学、光学和行星科学研究教授，其主要研究方向是为国家安全和科学目的开发大型太空光学系统以及近地小行星。此外，他还从事与太空探索和附近恒星太阳活动有关的研究。

（一）“星球大战计划”的战略推手

除了在亚利桑那大学任职外，沃登还是美国国防高级研究计划局（DARPA）有关太空问题的顾问。他于1975年加入空军，在整个20世纪80年代和20世纪90年代初期，担任国防部战略防御倡议组织主任特别助理，参与了战略防御计划（也称“星球大战计划”）的发展，经历了国际谈判和实施的各个阶段。其主要研究方向和思想重点关注空间防御和空间安全。在2002年和约翰·肖合著的《空间力量将走向何方？制定新世纪战略》中关于空间在现代社会中的重要性，以及对于实现持久空间优势等观点，对美国太空军《天权》

① 原载于2020年10月1日“一言航天”公众号，有删改

成书起了重要作用。

（二）打造公私合营的典范

艾姆斯中心主要以其在先进航空学、超级计算和外星生命方面的研究而闻名，但是，在 NASA 内部，它的表现却并不如约翰逊、马歇尔、戈达德和喷气推进实验室出色，处于窘迫境地。沃登从 2006 年 5 月到 2015 年 3 月期间担任该研究中心主任。他上任后迅速着手改造艾姆斯，将其重建为一个在小卫星领域拥有独特专业知识的任务开发和工程中心，企图将艾姆斯研究中心打造为公共创新和私人空间项目的孵化器。他还利用艾姆斯位于加利福尼亚州硅谷中心绝佳的地理位置，挖掘和培养了许多人才，大幅扩大了 NASA 研究园区。

十一、海战理论和空战理论谁更适合未来的太空战？——布伦特·齐亚尼克给你答案①

马汉认为：海权不仅是一个国家建立霸权的基础，也决定着一个国家的兴衰存亡。1558 年西班牙的无敌舰队遭到英国海军打击全军覆灭，英国由此开始拥有了海上霸权，并依靠海权获得殖民权，走上了资本主义的“康庄大道”。2000 多年前古罗马哲学家西塞罗就提出：“谁控制了海洋，谁就控制了世界。”20 世纪 60 年代，也就是太空年之初，时任美国总统肯尼迪就提出，谁控制了太空谁，就控制了地球。21 世纪的今天，战争形态正加速向信息化战争演

① 原载于 2020 年 9 月 21 日“一言航天”公众号，有删改。

变，打赢信息化局部战争成为军事斗争的基点，太空能力与网络能力逐渐成为衡量国家作战能力的标准。

2020 年 8 月 10 日，美国太空军公开发布了太空顶层出版物《天权》条令，其中就引用了布伦特·齐亚尼克（Brent Ziarnick）的思想。他认为太空资源同几个世纪前的海洋资源一样影响着一个国家的国际地位。太空是国际战略制高点，夺取太空制高点、大力发展空天力量是布伦特的基本思想。

未来真的是谁控制了太空，谁就控制了地球吗？答案想必是肯定的。无论从国民经济角度还是国防安全角度，太空领域的国际竞争必然愈演愈烈。未来太空理论会向哪个方向发展？布伦特提出以海洋作战模型作为太空战略的理论框架，指出了海域与太空域之间的战略相似性，他认为美国太空军的建设需要海洋文化，并建议美国太空军的组织体系及等级制度应以海军为模板。布伦特根据海军战略家朱利安·科贝特（Julian Stafford Corbett）爵士的海洋理论指出，在战略层面太空战与海战有很多的相似之处，海军理论几乎被普遍接受为太空力量理论的基础。未来太空持续作战的愿景与经典海军海上作战相似，即只有海军文化才能满足美国太空军的长期太空需求。布伦特认为，美国太空军应该打破空军的思想束缚，摒弃空军对太空军的文化统治，发展一种独立于空军的独立而独特的精神文化，需要建立一种强大、自豪和高度独立的认同感。

在文化上，科幻小说和大众文化已经将海军制度与想象中的太空领域联系在一起。如在《三体》《星球大战》和《星际迷航》中，海洋制度与科幻小说中的太空力量有关，海军与太空的距离并不遥远。为什么是宇宙飞船而不是宇宙飞机呢？为什么是太空舰队而不是太空机群呢？在人们的思想中，太空和海洋早就有联系了。这不得不令人联想到科幻小说《三体》中常伟思的一句话：

“请大家不要以现在的航天规模来理解未来的太空舰队，将来太空战舰的体积可能比目前的海上航空母舰还大，舰上人员也同样更多。未来太空战争就是以这样的大吨位、长续航的作战平台为基础，这种战争方式更像海战而不是空战，只是战场由海战的二维变成了太空的三维。所以，太空军种的组建将以海军为主要基础。我知道，在这之前大家普遍认为太空军的基础是空军，所以来自海军的同志们的思想准备可能不足，要尽快适应。”

——摘自《三体》刘慈欣

布伦特认为，美国太空军必须致力于保持太空优势，为盟国和联合作战提供太空支持，并确保太空稳定。在海上提供优势和稳定是海军的经典使命，用于发展伟大海军的战略也可以用于太空。所以，太空军军官要想在21世纪的大国竞争中取得成功，必须要像海军军官一样思考问题，建立自己的作战理论体系。布伦特认为，只有以海洋为灵感的太空部队才能给美国带来希望。

同时，布伦特也强调，太空攻防战略必须与民商航天相合作，依靠民商航天为军事航天部门培养融指挥与技术为一体的专业化人才。民商航天为美国太空军储备大量的预备队人员。太空军预备队必须组织一种新型军官专业，除他们的专业知识外，他们还将接受轨道战、太空电子战和太空战指挥与控制方面的训练。他们负责民商一体化，并填补这些职位，由能够为太空部队带来专业知识、有激情和有进取心的年轻文职专业人员担任这些职务。在太空对抗中，如果太空军的卫星不足以与对手的卫星进行太空作战，那么太空预备队的地方人员将操作民商航天器为太空部队提供战略支持。

十二、太空军独立与扁平化的坚定推动者
——马修·多诺万[①]

马修·多诺万出身于空军，是美国国防部负责人事的副部长。他负责空军部的事务，并指导战略和政策制定、风险管理、武器采购、技术投资和人力资源管理。多诺万毕业于空军军官培训学校，在服役期间，他拥有丰富的空军作战背景，参与各种作战飞行和参谋任务，并担任空战司令部 F－15C 鹰式战机飞行员，飞行时间超过 2900 小时。多诺万退役之后成为国防工业的高级国防政策分析师，后又转任政府公务员，以副部长身份返回空军后，他对太空军的发展发挥了一定的助推作用。

（一）马修·多诺万认为，必须使太空军独立成军，才能让其更好地发展壮大起来

在他任职空军代理部长的几周内，多诺万就利用论坛来倡导建立独立的太空部队，并表示将继续在国会推动此案。他在接受太空新闻采访时说："我们要培养出专业的太空军，让他们在独立成军后成长起来，成为空军中的空军。"[②]

多诺万说，如今的太空军如同空军在 1947 年独立成军时，就像当时的军事航空一样，太空军准备划出自己的车道。"当空军与陆军分离时，我们成为了一个全球强国，因为我们从其他思维方式中解

① 原载于 2020 年 9 月 8 日"一言航天"公众号，有删改。

② Sandra Erwin. As acting Air Force secretary, Donovan takes lead role advocating for independent space force［EB/OL］, 2019－07－07［2021－10－29］. https://spacenews. com/as－acting－air－force－secretary－donovan－takes－lead－role－advocating－for－independent－space－force.

放出来，太空也是如此。”①

（二）马修·多诺万认为，要使太空军结构趋于扁平化以适应信息时代

多诺万对太空军的看法可能会出人意料，因为在过去几年担任空军副部长期间，他从未公开讨论过这个问题，但是他却毫不动摇地坚持他在太空军独立问题上的立场。他认为，太空军能够建立更精简的组织，这个组织不必追随大型军事部门的脚步。“我们为什么不抓住机会，建立一支为信息时代打造的21世纪力量呢?”多诺万说，有些人认为太空军必须适应现有的军事结构，不能按不同的规则行事，但他的观点不同。“也许太空军是一个开拓者，也许我们不需要越来越多的工作人员，也许我们需要通过扁平化让组织变得更具有适应性、更敏捷。”

马修·多诺万在太空军建设方面的观点十分具有前瞻性，站在现在回望过去，无论是太空军独立发展，还是扁平化的结构，都使得太空军能在信息时代快速成长。未来太空军领导者还会采取什么样的发展模式，这个问题就仁者见仁智者见智了。

十三、追求美国利益最大化的太空政策专家斯科特·佩斯②

太空探索，从标志性的阿波罗登月任务和火星探索，到遥远的类地球行星的发现，长期以来一直是美国领导地位和威望的象征。

---

① Sandra Erwin，Acting Air Force Secretary Matt Donovan：“Let's unleash the space professionals [EB/OL]，2019 - 07 - 07 [2021 - 10 - 29]. https://spacenews. com/as - acting - air - force - secretary - donovan - takes - lead - role - advocating - for - independent - space - force.

② 原载于2020年9月9日“一言航天”公众号，有删改。

2020 年 8 月 10 日美国太空军公开发布了太空顶层出版物《天权》条令，其中包含了佩斯博士提出的加强太空安全的思想。太空领域及其相关太空技术已经成为权力政治追逐的对象，各国竞相争夺，太空安全问题日趋严重。特朗普政府的安全团队发现，与太空有关的问题涉及广泛的国家利益，影响到与拥有太空能力的每个大国以及依赖太空服务进行商业和安全的发展中国家的关系。

2017 年 6 月 30 日，美国总统特朗普签署了《关于重组国家太空委员会的行政命令》，重启了国家太空委员会并提名斯科特·佩斯（Scott Pace）担任国家太空委员会执行秘书，该委员会负责精简和协调美国的太空政策和战略。此前，佩斯博士曾任乔治华盛顿大学太空政策研究所所长和国际事务实践教授，他曾在美国航天局、白宫科技办公室和兰德公司的科技政策研究所任职。

佩斯主要研究军事太空力量对国家安全战略和未来军事行动的影响程度，他试图阐明在不断变化的战略大背景下美国所面临的主要军事太空政策问题，以制定符合美国利益的太空战略，追求美国利益的最大化。他的研究兴趣包括民用、商业和国家安全太空政策，以及技术创新管理。

佩斯提出了美国军事太空力量扩张的紧迫性，主张建立富有弹性和深度的太空安全体系，并在太空领域塑造新的价值观。从冷战到目前的军事太空力量的扩散，太空部队的能力不断增强，它们在未来任务中所发挥的作用也将不断扩大。他在《希尔报》的一篇文章中写道："在太空中发挥领导作用对于保护我们自己的利益和建立一个更稳定的国际秩序至关重要，在这个秩序中，美国仍是不可或缺的国家。"佩斯还表示，如果美国不继续在太空探索方面领先世界，像俄罗斯这样的其他国家将填补这一空白。

时任美国副总统彭斯访问肯尼迪航天中心时表示，国家太空委员会的目标是统一美国太空政策，造福于所有有关机构。从佩斯的著作来看，他似乎很同意统一的太空政策对美国航天局的未来很重要这一看法。早在2015年的国会证词中佩斯就说过："如果我们需要一个有效的美国太空战略，我们需要使我们的政策、计划和预算优先事项与持久的国家利益保持一致。"① 在佩斯看来，美国航天局的探索计划符合美国更大的利益，特别是在国际舞台上，美国航天局的探索计划将取得最佳结果。

佩斯强调，要加强国际太空合作，尤其要拉近欧日关系，加强反俄联盟。美国、日本、欧洲等太空大国具有巨大的潜力，可以改变国际太空环境、促进太空贸易，进而形成强大的军事太空力量。为此，美国要加强同盟国的合作，以阻止潜在对手将冲突扩大到太空，并打击对手为敌对目的使用的威胁。佩斯认为，当今重要的地缘政治挑战和机遇都在亚洲。他在《太空政策》一文中强调了美日国际空间站的伙伴关系，美日同盟处于发展的新前沿，这一盟友关系将扩大美国的世界影响力，能够应对逐渐强大的、有区域性强权趋势的俄罗斯等国，追求美国的海外利益。

十四、美国空军大学太空战略理论最强专家——埃弗雷特·卡尔·多尔曼②

埃弗雷特·卡尔·多尔曼是美国空军大学指挥与参谋学院（ACSC）的比较军事研究教授。他专注于国际关系和理论，被公认为美国空军大学的第一位空间理论家。他的职业生涯履历丰富，曾

---

① Jason Davis. Meet Scott Pace，the National Space Council's new executive secretary ［EB/OL］，2017 - 07 - 14 ［2021 - 10 - 29］. https：//www. planetary. org/articles/20170714 - scott - pace - overview.

② 原载于2020年6月27日"一言航天"公众号，有删改。

担任美国政府战略情报分析员，1995 年获得宾夕法尼亚大学政治学博士学位，现就职于阿拉巴马州美国空军大学指挥与参谋学院。多尔曼还是《空间政治学》（*Astropolitics*）国际杂志的联合创始人和编辑。

2020 年 5 月，多尔曼在《战略研究季刊》（*Strategic Studies Quarterly*）上发表了《通过太空力量取得胜利》（*Victory through Space Power*）一文，重申了空间的战略意义以及美国需要更独立自主的太空部队。[①] 这不得不引人深思，多尔曼在美国太空军即将开展转隶时重申太空的战略意义，是否说明美国太空军改革进入深水区？作为太空战略家，一直以来多尔曼又有什么战略思想？

（一）多尔曼具有作为战略思想家的敏感性，前瞻性地提出了控制空间的战略意义

2001 年，多尔曼出版了《天缘政治：空间时代的经典地缘政治》（*Astropolitik：Classical Geopolitics in the Space age*），书中描述的天缘政治理论论述了太空本身的性质，太空中对军事和商业有用的方面以及国家可以在太空中做什么来增强自身实力。在书中，他提到了“空间力量强大等于国家强大”，并且提出了美国主导空间的“三步走”战略：（1）退出目前的空间制度；（2）夺取对低地轨道的军事控制；（3）建立国家空间局，协调所有空间部门的努力。他认为，通过迅速有效建立国家对空间领域的控制，所取得的优势可使得美国在太空军备竞赛开始之前停止军备竞赛。

---

① Everett Dolman. Victory through Space Power [EB/OL], 2020 - 05 [2021 - 10 - 29]. https：//www. airuniversity. af. edu/Portals/10/SSQ/documents/Volume - 14_Issue - 2/dolman. pdf.

（二）多尔曼预见到与中国的空间碰撞已经开始，认为空间力量的部署至关重要

在一个大环境中，国家利益相互重叠，冲突是必然的。有战略思想的领导人能意识到增强国家实力的地理位置，并试图控制这些位置，或至少避免对手占据这些位置，以保证本国的持续发展，这就是多尔曼所认为的地缘战略。外层空间的特殊地形决定了要开发空间资源需要有效的战术和战略，空间力量属于当今的国家力量，其基础在当前的地面战场和未来的天基战场，空间力量的部署至关重要。今天，中国的迅速崛起在美国产生的恐惧显而易见。在这种情况下，美国必然要做出回应，美国在外层空间部署力量将意味着增加一个强有力的新军事能力，有助于将美国霸权的当前时期延长到未来。

（三）多尔曼认为空间力量的发展需要一个独立的部门

多尔曼说到："新的军事艺术，如空间所固有的，决不能被旧的军事观念所抑制。"一些政府要员们看不到现在装备空间力量之外的潜力，他们没有全面、公正地考虑空间领域的进步，而是根据他们今天所理解的空间领域来思考问题。空间作为军事领域有其领域内的独特战略——夺取和控制空间，这是一项与以往海军征服和控制海洋一样的独特任务。只有通过军事资产在领域内运作，才能真正指挥一个领域，只有百分之百的空间专业人员，才能构想并执行百分之百的空间战略。通过部署和使用一支独立的能维持对空间有效控制的军事空间部队，使其能在必要时有能力夺取和控制空间，在很大程度上，就像英国在 17 世纪通过对公海的控制成为"日不落帝国"，美国可以为将要爆发的经济扩张做好外层空间准备。

1. 出版物

《天缘政治：空间时代的经典地缘政治》（2001 年）
《军人国家：军事组织如何构建政治》（2004 年）
《纯策略：空间与信息时代的权力与原则》（2005 年）
《科学能终结战争吗?》（2015 年）

2. 两点思考

（1）如今各国在网络领域的交锋愈发激烈，如果网络领域也被视为军事领域，那么网络空间也有可能走上类似的道路。

（2）各领域的独立意味着更多的领导部门，这将造成官僚机构的重复，是否会影响各军种的联合作战行动所要求的高效指挥?

十五、空军大学太空女教头与她的太空安全观①

2020 年 10 月 5 日，在阿拉巴马州麦克斯韦空军基地举行的宣誓就职仪式上，来自美国空军大学的 18 名军官宣誓就职，正式由美国空军转隶美国太空部队。空军大学太空司令部主席尼基 · 林德霍斯特（Niki Lindhorst）上校主持了仪式并对加入太空部队的新成员表示欢迎。她现在担任美国太空军负责教育的第 13 德尔塔支队指挥官。

尼基 · 林德霍斯特是空军战争学院空军领导力与作战系的讲师，并担任空军大学的太空司令部主席，在谈到空军大学太空方面教育与培训课程的制定时，她表示："我们现在面对的竞争对手，正试图

① 原载于 2020 年 11 月 6 日"一言航天"公众号，有删改。

以我们意想不到的、前所未有的方式，让我们的国家和部队付出巨大的代价，我们的竞争对手意识到美国与盟国在太空领域拥有优势，并积极寻求压制我们这些优势的方法。”①

为了迎接这一挑战，空军大学与太空界合作，制定了培养空军的课程，让他们精通空间技术并了解其任务与太空的密切联系，成为能在空间环境进行联合作战的空军，而新的太空作战课程将作为他们的首门核心课程出现。

而就在前不久——2020 年 10 月 16 日，空军大学培养的第一批太空军官正式毕业。值得一提的是，其中还有两名女学员——少尉艾米·科巴（Amy Coba）和伊丽莎白·科瓦尔（Elizabeth Kowal），作为首批毕业的太空女军官，她们将与来自空军太空司令部的 1.6 万多名军队人员和文职人员一起，加入到太空部队中，这是美国太空部队的一个重要里程碑，同时这也为培养新一代太空军官铺平了道路。此次毕业仪式也由林德霍斯特上校主持，同作为太空部队中的女成员，她与新毕业的女学员亲切合影。

此外，作为空军大学太空司令部的“女教头”，林德霍斯特上校认为，从最初就培养并建立一支有空间意识的领导人队伍也是非常重要的，所有就读于空军指挥和参谋学院以及空战学院的学生将学习太空作战相关课程，对未来太空作战领域进行探索。也正是因为太空军事教育的重要性，“施里弗学者”计划诞生了。“施里弗学者”计划是美国第一个以太空方面为中心的军事教育项目，致力于培养未来太空战略家。该项目由空军太空司令部发起，将体系成熟的作战课程（战争理论、国际研究和联合作战课程）与太空相关的课程相结合，融合成为深入探索太空的历史、战略、行动和政策方

---

① Phil Berube. Air University teaches space as a warfighting domain [EB/OL], 2020 - 08 - 08 [2021 - 10 - 30]. https://www.airuniversity.af.edu/News/Display/Article/2302401/air - university - teaches - space - as - a - warfighting - domain.

面的新课程。而随着太空战略意义的增加，该计划正在进行拓展以满足太空研究需求，计划最初拥有包括太空操作员、情报和网络官员、美国陆军太空军官和海军部太空操作员等在内的 13 名军官，而这一人数在近期增长了一倍，达到了 26 人。对此，“施里弗学者”计划主任安德里亚·哈林顿博士表示，太空部队在空间领域与空军内部将拥有更多高级领导，他们都将接受太空相关方面的教育与培训。而这一观点也与林德霍斯特上校对于培养太空领导人队伍的观点不谋而合。

林德霍斯特说：“我们所有人都要迎接当今来自全球的挑战，在空军大学，我们已经意识到非常有必要去培养在未来太空作战中所需要的人才，以确保我们的国家安全和盟国的安全。”

这位战略眼光长远的“女教头”是什么来头呢？翻开她的履历，可以了解到，她曾担任联合参谋部 J6（指挥、控制、通信和计算机系统）的副主管，自 2013 年至 2015 年，她担任弗吉尼亚州尚蒂利国家侦察局企业运营中队的指挥官，以及空军太空司令部和空军教育与训练司令部的多个职位。林德霍斯特于 1995 年受预备役军官训练团的委培，获得南伊利诺伊大学的心理学学士学位；接着在三叉戟大学读研究生，获得了教育领导学硕士学位；又于 2009 年获得了空军指挥参谋学院的军事作战艺术与科学专业的硕士学位，并于 2012 年结业于空军战争学院。她的研究主要集中在太空作战、部队管理和职业领域管理方面。有如此丰富的专业教育经历，这位“女教头”对于太空安全有着独到的见解与长远的战略眼光也就不足为奇了。